Wilderer-G'schichten aus Tirol

WILDERER G'SCHICHTEN aus TIROL

NENNA VON MERHART

Bechtermünz Verlag

Vorderes Umschlagbild: „Adlernest im
Stilluperthal in Tyrol", gez. A. Gerasch,
lith. F. Gerasch, 1891. (Tiroler Landesmuseum Ferdinandeum)
Gesamtherstellung: Ebner Ulm
Printed in Germany
ISBN 3-86047-115-5

Inhalt

*

Zu diesem Buch

Bevor wir uns mit dem Phänomen „Wilderer“ befassen und ihn in unserem Fall in Tirol beheimaten, wollen wir uns den Begriff erst einmal deutlich vor Augen führen. Was ist ein Wilderer und was unterscheidet ihn vom Jäger? Ein Wilderer, könnte man definieren, ist ein Mensch, der *widerrechtlich,* ohne im Besitz einer Jagdkarte zu sein, in einem fremden Jagdrevier Wild jagt, mit welchen Mitteln auch immer. In den meisten Fällen kommen dazu noch andere Komponenten. Zum einen ist dem Wilderer, da es ja nicht sein eigenes Revier ist, das Hegen fremd, was immerhin ein ganz wesentliches Anliegen des Jägers ist. Und zum anderen hält er sich in den meisten Fällen nicht an das, was von Recht, Gesetz und jägerischer Tradition wegen als waidmännisch angesehen wird. Er jagt das Wild in der Schonzeit (strafverschärfend, ebenso wie die Ausführung der Tat bei Nacht), da ihm sein eigener Entschluß, gerade an diesem Tag „auf die Gams zu gehen“, wichtiger erscheint als die Zeiteinteilung, die „andere Menschen“ zum Wohlergehen des Wildes beschlossen und durchgesetzt haben. Auch ist in vielen Fällen der Wilderer sehr oft in der Wahl der Mittel, die er anwendet, nicht zimperlich. Er lockt das Wild in Fallen, er legt ihm Schlingen, er schießt mit Munition, die das Tier elend krepieren läßt. Er ist unerbittlich, ist er erst einmal „auf großer Fahrt“. Er sagt von sich, er hätte das Wildern „eben im Blut“ und glaubt, damit eine Berechtigung für sein Tun gefunden zu haben. Freilich, in Zeiten wirtschaftlicher Not kam noch ein anderes Moment dazu: der Familienvater sah oftmals im Nebenberuf des Wilderns den einzigen Weg, seine Familie vor Hunger und äußerster Armut zu bewahren. Jeder von uns hat schon die rührende Geschichte gelesen, in denen der Vater des Nachts, wenn die lieben Kleinen in tiefem Schlummer lagen, hinauszog in Dunkelheit und Gefahr und beim Morgengrauen mit rußgeschwärztem Gesicht und zu Tode erschöpft, aber mit einem Reh an den heimischen Herd zurückkehrte. Man sah es förmlich vor sich, wie sich die hungrigen Kinder um ihn scharten, und ihn lobpriesen, was freilich nicht lautstark vonstatten gehen durfte, da vor dem Fenster der Jäger lauern konnte. So eindringlich wurde in diesen vom Volk äußerst gern gelesenen Geschichten das häusliche Elend des Ärmsten geschildert, daß unwillkürlich die Sympathien des Lesers in der trübsinnigen Hütte Einkehr hielten.

Diese trübsinnigen Hütten gibt es heute — zum Glück — kaum mehr. Vorbei, endgültig vorbei sind die Zeiten, da ein Mann nur mit Hilfe unrecht

„erworbenen“ Wildbrets seine Familie vor dem Hungertode bewahren konnte. Die Männer und Burschen, die heute noch mit geschwärztem oder maskiertem Gesicht auf verbotene Pirsch gehen, tun es aus anderen Beweggründen. Viele von ihnen sind von der Leidenschaft des Jagens besessen, verfügen aber entweder nicht über die Mittel oder die Möglichkeiten für die Ablegung der Jägerprüfung, haben aber oft ein hohes Maß an jägerischem Instinkt, der sie das Wild waidgerecht erlegen läßt. Von ihnen könnte man sagen, daß es sich um Diebe handelt, während jene anderen, die das Wild mit untauglichen Waffen anschießen und es elend zu Tode kommen lassen, nur als gemeine Verbrecher bezeichnet werden können. Viele von ihnen stehen auf dem Standpunkt, den einer der berüchtigtsten Wilderer Tirols so treffend in Worte gekleidet hat: „Was im Wald is, g'hert mein“. Diese Kategorie könnte man noch am ehesten als verhinderte Jäger betrachten und ihnen ein gewisses menschliches Verstehen entgegenbringen.

Aber dann gibt es noch die andere Kategorie, jene, die des nachts mit dem Auto in ein fremdes Revier fahren, mit den Scheinwerfern das Wild blenden und es durchs heruntergekurbelte Wagenfenster rücksichtslos abknallen.

Diese Art von Wilderer setzt seine „glorreichen Taten“ lediglich zum Gelderwerb. Es sind nicht mehr soziale Gründe, die ihm die Waffe in die Hand zwingen, sondern der Wunsch nach mehr Geld, das solcherart zwar widerrechtlich, aber doch einfach beschafft werden kann. In vielen Fällen kommen noch persönliche Momente mit ins Spiel, zum Beispiel Neid oder eine Feindschaft zu dem Inhaber der Jagd, dem man mit dem Abschuß „einen Duck antun“, oder eine Animosität zu dem Jäger, dem „man's schon zeigen will“. So sehr man auch in Tirol seit jeher geneigt ist, alles, was mit dem Wildern zu tun hat, als eine Art von Kavaliersdelikt anzusehen — hier beginnt sich die Volksseele zu erbosen.

Wie aber kommt man teilweise im Volksbewußtsein zu der Einstellung, Wilddiebstahl nicht als „Diebstahl an sich“ zu betrachten? Sicher hat diese spezifische Einstellung mit dem Wissen zu tun, daß vor Urzeiten unsere Vorväter, ihre Weiber und Kinder ausschließlich von der Jagd lebten. Ackerbau und Besitz waren ihnen unbekannt, und andere Möglichkeiten, sich zu ernähren, gab es nicht. Die Männer waren darauf angewiesen, flink und wendig zu sein im Anpirschen an das Wild, das ihnen die Urwälder in reichem Maße boten. Sie waren darauf angewiesen, findig zu sein im Ersinnen immer neuer Waffen und Techniken, mit denen sie dem mächtigen Bären, dem gewaltigen Hirschen, dem scheuen Reh auf den Pelz rücken konnten. So kam es, daß sich in den Menschen unserer Vorzeit Urinstinkte bildeten, die einzig und allein aufs Überleben der menschlichen

Lith. Anst. v. C. A. Czichna in Innsbruck

Tiroler Wildschütz

Rasse hinzielten. Umsicht, Schlauheit, Wendigkeit, Beharrlichkeit, Ausdauer, das waren die Eigenschaften, die dieses Überleben am ehesten garantieren konnten. Sie wurden angewendet, wenn man sich an das Wild heranpirschte, es tagelang verfolgte über Stock und Stein, ihm heimlich Fallen stellte, es mit List bezwang und es tötete mit einfachen Waffen.

Man ging nicht allein auf die Jagd, sondern schloß sich zu Gruppen zusammen, um so besser gerüstet zu sein für den aufreibenden, anstrengenden und oft auch lebensgefährlichen Pirschgang. So kam zu den erwähnten Eigenschaften eine weitere hinzu: das Streben nach Gemeinsamkeit, nach dem, was wir moderne Menschen als „team-work" bezeichnen.

In Tausenden von Jahren entwickelte sich so das Verhältnis des Menschen zur Natur und den Wesen, die sie hervorgebracht hatte. Und diese Wesen — das Wild beispielsweise — gehörte dem Menschen. Er konnte über sie verfügen. Erst viel später wurden ihm dabei Schranken gesetzt. Plötzlich gehörte die Natur, der Wald, das Wild nicht mehr der Allgemeinheit, sondern einer kleinen, privilegierten Schicht. Wer zu dieser gehörte, war fein daran. Wer aber außerhalb stand, hatte nur die Wahl zwischen dem absoluten Gehorsam oder dem Widerstand. Zum Glück für den Weiterbestand des menschlichen Geschlechts entschieden sich die meisten für den Gehorsam. Man unterwarf sich der geistlichen oder weltlichen Herrschaft, die besagte, daß nur bestimmte Stände berechtigt wären, das edle Waidwerk auszuüben, während die große Masse davon ausgeschlossen blieb. Es war dies eine Entwicklung, die Gegenkräfte hervorrufen *mußte.* Denn plötzlich gab es, was die Ausübung der Jagd betraf, Berechtigte und Unberechtigte, also Jäger und Wilderer. In beiden machte sich gleichermaßen das Erbe ihrer Urväter bemerkbar, der Drang zum Verfolgen, zum Aufspüren, zum Jagen und zum Töten der Beute. Nur taten es die einen mit einer Lizenz in der Hand, die anderen ohne. Und wo es vorher ein Miteinander gegeben-hatte, da war auf einmal nur noch ein Gegeneinander, das bald in Rivalität, in Feindschaft, in Haß umschlug. Keine Partei wollte die andere begreifen. Die Jäger waren auf jeden Fall immer im Recht, und die Wilderer fühlten sich in ihrer Existenz bedroht. So kam es zu wüsten Kämpfen und Fehden, die erst in der Jetztzeit nachgelassen haben.

Im Gesamtraum Tirol, diesem extrem wald- und wildreichen Gebiet, waren die Verhältnisse natürlich besonders arg. Einige Umstände kamen noch hinzu: in diesem Land hinter den Bergen gab es schon sehr früh das Recht des Waffentragens, welches von den Tirolern nicht immer nur zur Verteidigung genutzt wurde. Neben seiner Mentalität war es auch sein kräftiger Körperbau, der den Tiroler befähigte, große Strapazen zu ertragen, was sowohl für den Jäger als auch für den potentiellen Wilderer von nicht geringer Bedeutung war. Aber noch etwas kam dazu: Tirol war durch seine teilweise Abgeschiedenheit, durch das Abgegrenztsein zahlreicher Täler vom Rest der Welt, relativ stark von bestehenden familiären oder sonstigen gesellschaftlichen Banden — etwa innerhalb einer Dorfgemeinschaft — betroffen. Es war nur wenig übertrieben, zu behaupten, „jeder sei bald mit jedem verwandt". Diese Tatsache führte und führt dazu, daß es meist gewisse Rücksichtnahmen gibt auf Familienverbundenheiten, Dorfzugehörigkeiten, Stände, Jagdvereine oder gar politische Zugehörigkeit — was sich gelegentlich auch im Verhältnis Jäger—Wilderer auswirken kann.

Man hat schon genug Fälle vernommen von Aufsichtsjägern, die ihrer Pflicht, einen Wilddieb zu stellen, nicht nachkamen, weil dieser ein Verwandter oder der erste Trompeter in der Musikkapelle, der man auch angehörte, war. Aber sind wir nicht alle Menschen, die nur allzu leicht einem derartigen Fehler erliegen können?

*

Gerade das Menschliche, das menschlich Interessante war es auch, das uns zum Schreiben und Herausgeben dieses Buches bewogen hat. Und da zum Menschlichen nicht nur das Tragische, das Dramatische gehört, sondern auch das Heitere, haben wir nicht nur Fälle gesammelt, in denen es um Mord und Totschlag zwischen Jägern und Wilderern ging, sondern um Gegebenheiten, in die Wilddiebe verwickelt waren, und die uns trotzdem zum Schmunzeln bringen. Daß wir dabei nicht jedes Wort auf die vielzitierte Goldwaage legen konnten, wird jedem einleuchten, der des Abends mit einer Gruppe alter Jäger beim Wein gesessen und ihren Erzählungen gelauscht hat. Wer von uns könnte genau ermessen, was darin Wahrheit ist und was Jägerlatein? Und daß wir beim Benennen unserer handelnden Personen, den Jägern und den Wilderern, zum Teil fiktive Namen gaben, wird auch jeder begreifen. Besser, ein Wilddieb wird schlicht mit „Sepp" bezeichnet, als sein wahrer Name wird genannt und er damit für „ewige Zeiten" auf den Pranger gestellt. Denn bei vielen von ihnen war das Wildern eine Jugendtorheit, für die sie nicht ein Leben lang büßen sollen. Wir sind für Fairness.

Bei unseren Nachforschungen sind wir bis weit in vergangene Jahrhunderte vorgedrungen und haben versucht, alle seither abgelaufenen Epochen bis zur Jetztzeit zu berücksichtigen, so wie wir auch versucht haben, möglichst alle Gebiete Nord-, Ost- und Südtirols zu erfassen.

Alle unsere Erzählungen sind auf Tatsachenberichten aufgebaut, für deren Übermittlung wir den betreffenden Herren und auch Damen an dieser Stelle Dank sagen wollen.

Hier liegt der Förster Richard Huß,
er starb an einem Wildererschuß,
der auf der Jagd von ungefähr
ihn hat getroffen folgenschwer.
Zum Glück konnt' man ihn noch verseh'n,
Gott laß ihn fröhlich aufersteh'n!
Ich nannt' ihn oben Richard Huß,
doch hieß er in der Tat Franz Leim,
das aber paßte nicht zum Reim.
Was hätt' ich mit dem Leim gemacht,
wie hätt' den Schuß ich angebracht?
An dem er doch verschieden ist
als Jägersmann und guter Christ.

Inschrift auf einem Jägersgrab

Kaspar Jele, „Die Wildschützen“
(Tiroler Landesmuseum Ferdinandeum)

Der Wildschütz am Wetterstein

Einer der bekanntesten Wilderer Tirols war der aus dem Wettersteingebiet stammende Hannes Neuner, genannt Bandl Hannes, der im Jahr 1789 als ältester Sohn des Erbhofgeschlechtes am Bandlhof geboren wurde. Der Stammvater der Familie, Thomas Neuner, hatte den Hof 1694 von Johann Pantl übernommen, nach dem er auch heute noch der „Bandl-Hof" heißt. Heute wird er wieder von einem Bandl Hannes bewohnt, der jedoch nicht, wie sein Vorfahr, ein Wilderer ist, sondern ganz im Gegenteil ein wohlbestellter Jäger, heute allerdings schon im Ruhestand. Wir haben ihn in seiner Einsiedelei besucht, in der er nicht einmal mehr von einem Jagdhund Gesellschaft hat, nachdem sein letzter vor kurzer Zeit verendet ist. Wenn man nicht ganz genau die Lage des Hofes kennt, so ist dieser nur sehr schwer zu finden. Er liegt noch im Leutaschtal, am Rand einer steil abfallenden Schlucht, genannt „die Klamm", am Eingang des Gaistales, einer Gegend, in der sich buchstäblich, wie es so treffend heißt, Fuchs und Has' gute Nacht sagen. Daß ein Bub, der hier aufwächst, zutiefst mit der Natur verbunden sein muß, wird einem klar, wenn man aus dem Fenster schaut. Der Waldessaum ist ganz nahe, näher noch die Wiesen, wo des Abends das Wild austritt, bis knapp vor die Haustüre. An diesem gottbegnadeten Umstand hat sich im Laufe der Jahrhunderte bis zum heutigen Tag kaum etwas geändert.

Der Hannes des 18. Jahrhunderts war also, wie schon erwähnt, der älteste Sohn am Bandlhof. Schon frühzeitig zeigte es sich, daß seine ganze Liebe den Tieren galt. In der Schule war er schlecht, dafür konnte man von ihm die Lage sämtlicher Vogelnester, Fuchs- und Dachsbauten der ganzen Gegend erfragen. Er kannte jeden Geierhorst vom Sulzbach bis hinüber zum Simmlberg.

Seine Vorliebe für das Wild brachte es zwangsläufig mit sich, daß er schon in jungen Jahren mit der Büchse loszog, freilich ohne Jagdschein, was ihn des öfteren mit den Jägern der Umgebung in Konflikt brachte. Sein hauptsächliches Jagdgebiet war der Wetterstein, aber auch tief drinnen in Bayern war er noch gefürchtet. Dort waren zu dieser Zeit die Jagden noch reichhaltiger, allerdings waren auch die Kontrollen schärfer als auf der Tiroler Seite. Mit den Jahren dehnte er sein „Herrschaftsgebiet" bis nach Plattach aus, in die sogenannten Hundstallfelsen; er stieg hinaus bis ins Rheintal, kam bis in die Partnachklamm in der Nähe von Partenkirchen. Nach Westen zu war er heimisch bis in die Gegend vom Eibsee. Er war in den Ebenen genauso zu Hause wie auf den Höhen, ja, dort bei den Gemsen fühlte er sich erst so richtig wohl. Die Jäger beider Gebiete, sowohl Bayerns als auch Tirols kannten ihn, aber er schien in ihren Augen die verflixte Gabe zu haben, sich unsichtbar machen zu können, eine „Spezialität", die er andauernd unter Beweis stellte.

An einem Sommertag hatte Hannes in aller Morgenfrühe drüben im bayerischen Stuibenwald wieder einmal einen Kapitalbock erlegt. Er wollte schon aufsteigen, um in seine Heimat auf der Südseite zurückzukehren. Zwei Jäger aber verfolgten ihn so ausdauernd und geschickt, daß er sich schließlich bei seiner Eile und bei dem herrschenden Morgennebel in eine Felskluft getrieben sah. Vor ihm eine überhängende Mauer, unter ihm kirchturmhohe Wände, über ihm glatte, unbezwingbare Felsplatten und hinter ihm die beiden Jäger mit angeschlagenem Gewehr. Da ein Kampf aussichtslos war, mußte er sich ergeben. Die Jäger nahmen ihm den Rucksack samt der Gemse ab und wollten auch sein Gewehr. Doch er hatte keines mehr bei sich, da er es noch in der letzten Minute mit ungeahnter Schnelligkeit in einer Sandmulde verscharrt hatte, ohne daß es die Jäger bemerken konnten. Als sie ihn fragten, wo er es versteckt habe, leugnete er ab, eine Waffe bei sich gehabt zu haben. So stand dann also der Hannes wehrlos vor seinen Verfolgern. Die Jäger waren glücklich, einen so guten Fang gemacht zu haben. Sie malten sich schon aus, wie man sie bei ihrer Ankunft in Garmisch bejubeln werde. Hannes bat um die Jause aus dem Rucksack, da er sehr erschöpft sei und nicht weitergehen könne. Die Jäger bewilligten ihm dies, denn auch sie wollten gern ihre Marend zu sich nehmen. Zudem konnten sie dem Wildschützen den einzigen Ausweg leicht absperren.

Beim Essen klagte Hannes fortwährend über wunde Füße. Unbemerkt zog er sich die Schuhe aus und schnitt bald vom Brot herunter, bald machte er einen Schnitt in seine Fußsohlen, bis das Blut hervorsickerte. Als die Jäger einmal zufällig von ihm wegsahen, machte sich der Gefangene geräuschlos aus dem Staub. Verblüfft schauten die Jäger einander an, sie suchten herum und spähten vorsichtig die Wände hinunter, da sie glaubten, der Wilderer habe sich in Verzweiflung hinuntergestürzt. Sie konnten aber seine Leiche auch unten nicht entdecken. Der eine gab dem anderen die Schuld, daß er nicht besser acht gegeben und den Gefangenen nicht gefesselt hätte. Schließlich beschlossen sie, von diesem Vorfall niemandem etwas zu erzählen.

„He, du", rief plötzlich der eine seinem Kollegen zu, „da is Bluat am Felsen; er wird Selbstmord begangen haben!"

Da hallte von einer Schneid nahe der Tiroler Grenze ein kräftiger Juchzer — der Hannes war's. Hatte er doch tatsächlich die glatten Wände bezwun-

Johann Giner d. J., Wildererszene, um 1840 (Tiroler Volkskunstmuseum, Innsbruck)

Auf Leben und Tod

gen! Es ist ein alter Wildschützenglauben, daß man barfuß, wenn man sich in die Sohlen schneidet, die ungangbarsten Felswände überwinden kann. Das Blut soll wie ein Klebemittel wirken. (Wir freilich wollen uns nicht dafür verbürgen, berichten aber dem Chronisten getreu.)

Am Almbach unter dem sogenannten Teufelsgsaß wusch er sich seine wunden Füße und verband sie. Bis zur Dämmerung erlaubte er sich ein Ausruhen, und als es dunkel geworden war, holte er die Büchse aus dem Versteck.

Für einige Zeit war es mit dem Wildern vorbei, da Hannes wegen seiner schmerzenden Füße den Strapazen nicht gewachsen war. Er half daheim dem Vater in der kleinen Landwirtschaft, so daß dieser, der sich um seinen Ältesten große Sorgen machte, wieder neuen Mut schöpfte. Er war alt, der Bandl-Bauer, und wollte so bald wie möglich den Hof übergeben. Immer wieder hatte er versucht, seinen Ältesten von der bösen Leidenschaft, dem Wildern, wegzubringen und einen Bauer aus ihm zu machen. Aber immer wieder zog's den Hannes hinaus.

Wenn man den vielen Erzählungen, die in der Leutasch auch heute noch kursieren, Glauben schenken darf, war es ein Mädchen, dem es um ein Haar gelungen wäre, einen rechten Menschen aus dem Wilddieb zu machen. Sie trafen einander auf der Höhe am Kucherögg, wohin den Hannes das Wild gezogen hatte, während die Kathi dort „in die Granten" ging.

Sie hockten nebeneinander, der junge Wildschütz und das hübsche Dirndl, und ein Wort gab das andere. Der Hannes, der schon lange heimlich in das Mädchen verliebt war, ließ sich diese Tatsache immer wieder anmerken, und es schien ihm, als hätte auch die Kathi ihn gern.

„Sag Hannes, ist's denn wirklich nötig, daß du a so a verwerflich's Leben führst? Tat'st nit lieber daheim bleiben am Hof wie alle andern auch? Muaßt denn grad a Wildschütz sein?"

„A verhaßter Wildschütz, willst sagen. Schau Kathi, der Herrgott hat die Tiere und die Vögel do für alle erschaffen und nit lei für a paar Geldprotzen. Früher amal hat man von a'm Geld überhaupt nix g'wußt und a unsere Urväter ham vom Wildschiaßn g'lebt. Was soll da so Schlecht's dran sein? Aber i woaß scho, du hast dei Herz an den Blaikner Martin g'hängt, den Sohn vom Jagdpächter. Der is halt a guate Partie für di. Mit dem freili kann i mi nit messen." Der Hannes sagte es voll Bitterkeit.

„Du könnst di mit Leichtigkeit mit'm Martin messen, wenn'st lei aufhören tatest mit der unseligen Wilderei. Und wenn i di schön bitten tat drum?"

Dem Hannes schoß das Blut in den Kopf. Fest, felsenfest nahm er sich vor, den Wunsch des Mädchens zu erfüllen und keine Büchse mehr anzurühren.

Zwei Wochen lang hielt er das Versprechen. Die Freunde hänselten ihn schon dafür, denn solches Verhalten war an dem Hannes ungewohnt.

In des jungen Wilderers Brust tobte ein schwerer Kampf. Sollte er, um die Kathi zu erringen, ganz von seiner Jagdleidenschaft lassen und ein biederer Bauer werden oder sollte er weiter sein herrlich freies Leben führen draußen im Wald, auf den Bergschrofen, wo er den Gemsen nahe war? Er entschied den Streit auf seine Weise: bei Nacht und Nebel verschwand er aus dem Elternhaus und zog vorerst in eine fremde Gegend, wo keiner ihn kannte und wo er seiner Liebhaberei nachgehen konnte, ohne auf Schritt und Tritt an die Kathi erinnert zu werden.

Im Leutaschtal gingen, als der Hannes nicht mehr auftauchte, die wildesten Gerüchte um. Eines davon besagte, er verbüße in München eine mehrjährige Kerkerstrafe, ein anderes wußte mit Sicherheit, der Bursche hätte auf einen bayerischen Jäger geschossen, sei aber von diesem überwältigt und in eine Felsenschlucht geworfen worden. Die Gerüchte machten die Runde und wurden auch der Kathi zugetragen. Die weinte sich die Augen aus vor Sorgen um ihren Liebsten. In ihrer Familie stieß das arme Mädchen auf keinerlei Verständnis, im Gegenteil, der strenge Vater, der ein guter Freund des reichen Jagdpächters war, versuchte, ihr die Flausen auszutreiben und riet ihr, den Wilddieb zu vergessen und den Martin, Sohn seines Freundes, zu heiraten. Lange Wochen sträubte sie sich dagegen, als aber keinerlei Nachricht vom Hannes kam, willigte das Mädchen doch ein, was bei Martin auf große Freude stieß. Das Aufgebot wurde bestellt, am Kirchweihsonntag fand die Verlobung statt. Es war an nichts gespart worden, und so wurde es ein rauschendes Fest.

Um Mitternacht ging die künftige Braut mit ihrem Verlobten und den Eltern nach Hause. Als Kathi die Türschnalle angriff, fuhr sie mit einem Aufschrei zurück: an der Klinke war ein großer Dachskopf befestigt, der die Augen weit offen hatte, und daneben ein frisches Hasenherz. Im Dachgiebel wiegte der Herbstwind eine breite Gemshaut hin und her. Dickflüssig tropfte das Blut, als ein Zeichen erkaltender Liebe, auf die Holzterrasse vor der Haustüre nieder. Alle Gäste kamen heraus und schauten fragend. Gleich gab es einige Schadenfreudige, die dem Bräutigam den Spott gönnten.

„Des hat der Hannes g'macht, und koa anderer", ging es durch die Runde. „Glaubt's es, daß sie den erwischen wer'n? Der lebt besser und g'sünder wia mir!" sagte einer.

Der Bräutigam hatte unterdessen die Gamshaut herunter genommen. Er wurde kreidebleich, als er zum Gespött der Leute sah, daß auf dem Rückstreifen statt des Bartes Schweinsborsten aufgeleimt waren, die penetrant nach Mist stanken.

Man kann sich denken, wie der armen Kathi zumute war. Das alles war doch ein Zeichen, daß der Hannes noch lebte und von der Verlobung wußte. Was aber sollte sie tun? Die Verlobung platzen lassen und weiter auf den Wilddieb warten? Oder eine Verbindung eingehen, ohne Liebe? In ihrer Not eilte das Mädchen noch in derselben Nacht zum Pfarrer und vertraute sich ihm an. Dann schlich es nach Hause, packte seine wenigen Habseligkeiten und verließ das Tal.

Dem Hannes war, obwohl er zu dieser Zeit in fremden Gegenden jagte, das Verschwinden des Dirndls bald zu Ohren gekommen. Die einen vermuteten, die Kathi habe in einem Kloster Zuflucht genommen, die anderen meinten, sie wäre zu Verwandten in die Fremde gezogen. Sicher war nur, daß der Pfarrer von der Kanzel gesagt hatte, im Verlöbnis der Brautleute sei ein Hindernis eingetreten.

Schon am Sonntag darauf stand zur allgemeinen Überraschung der Bandl Hannes unter den Männern, die sich am Kirchplatz versammelt hatten. Fesch sah er aus in seinem nagelneuen G'wand aus feinstem Wildleder, mit der Uhrkette, die mit Hirschgrandln und allerlei Wildzähnen dicht behängt war. Seine Freunde — und noch mehr seine Feinde — tuschelten über den Aufzug, und bald machte die Geschichte die Runde, der Hannes habe tief im Bayerischen drinnen große „Ernte" gehalten, wobei er sich verschiedener Helfer bedient hatte.

Um seinen Widersachern im Tal seine Stärke zu beweisen, wilderte er in den nächsten Wochen wieder im Heimatbezirk und leistete sich die dreistesten Stückln. So befestigte er eines Nachts vor den Fenstern des Schlafzimmers, das der Blaikner Martin für sich und die Kathi hergerichtet hatte, einen dicken Kranz aus lauter Rosen, die er aus Hirsch- und Rehgedärmen recht kunstvoll gedreht hatte. An der Hausmauer hing Schmuck von derselben Art in regelrechten Girlanden. Stellenweise hatte er Hirschhaare hineingeflochten. Aus den gelbschwarzen Federn der Auerhenne, als Zeichen der Eifersucht und der Trauer, hatte er in Großbuchstaben die Worte „Viel Glück!" zusammengestellt.

Während sich all dies abspielte, war der alte Sebastian, der Vater des Hannes, gestorben. Da er offenbar nicht recht gewußt hatte, wem er den Hof nun vermachen sollte, dem Ältesten, Hannes, diesem Haderlumpen, oder seinem jüngeren Sohn, hatte er darauf verzichtet, ein Testament zu hinterlassen. Damit überließ er die Entscheidung den Kindern selbst und dem Gericht in Telfs, das für den 20. Dezember des Jahres 1817 die Verlassenschaftsverhandlung anberaumt hatte.

Der Hannes ärgerte sich mächtig, dieser lästigen Verpflichtung nachkommen zu müssen, denn genau am Vortag war der erste Schnee gefallen, und er hätte jedes „Füßl" ohne viel Mühe ausschnüffeln können. Um nur ja keine Zeit zu verlieren, nahm er für alle Fälle die Büchse mit. Da die Verhandlung erst auf elf Uhr festgesetzt und er sehr frühzeitig aufgebrochen war, erhoffte er sich für die Zwischenzeit noch eine gute Strecke.

So marschierte er denn los, in seinem neuen Sonntagsstaat mit der auffallenden Uhrkette und einem Hut, an dem ein Gamsbart mit fabelhaftem

Reif stak. An den Füßen freilich trug er ein merkwürdiges Schuhwerk: lange, wasserfeste Stiefel, bei denen die Absätze vorn und die Spitzen hinten waren. Diese Schuhe hatte er schon des öfteren getragen, wenn er Verfolger täuschen wollte.

Er schob zwei lange Bretter zum Brunnen. Über diese stieg er auf den Trog, und von dort den Zaun entlang zum Klammbach. Er kämpfte sich mitten durch's Wasser bis hinein in den sogenannten Ofen. Geschickt kletterte er an den Schrofen empor und schlug sich oben in den Wald, ohne die geringste Spur hinterlassen zu haben. Ähnlich machte er es gewöhnlich auch beim

Aufstieg gegen die Sonnseite, nur daß es dort schwieriger war. Heute noch erzählt man sich, daß er einen unterirdischen Gang hatte, der von der Streuschupfe aus unter den letzten Kessel in die Klamm führte, wo sie von wildem Gestrüpp fast verdeckt war. Dort schob er eine zerlegbare Leiter in die Höhe des Felsens. Wenn er oben war, ließ er sie an einer schwarzen, fast unsichtbaren Schnur wieder in die Höhle hinunter.

Im Gebiet der Mooser Schröfen gegen die Brünst zu kam ihm eine Rehfamilie vor's Rohr, aus der er die Geiß herausschoß. Er brachte sie gerade in Sicherheit, als ihm plötzlich einfiel, daß er ja um elf Uhr in Telfs am Gericht sein müsse. Rasch wechselte er die Schuhe und machte sich über den Birchenberg und das Kochental davon. Beim Vorbeigehen am Dorfbrunnen von Telfs fiel ihm erst auf, daß seine Hände noch ganz blutig waren vom Ausweiden der Geiß. Von der Pfarrkirche läuteten die Glocken gerade die zwölfte Stunde. Er eilte, so schnell er konnte, zum Gerichtsgebäude, wobei er vollständig darauf vergaß, daß er ja noch immer die Büchse über der Schulter hatte.

Seine Geschwister, die seit einer Stunde auf ihn gewartet hatten, waren wütend, noch mehr aber der Richter, den der Aufzug des wegen seiner Wilderertaten bis nach Telfs berüchtigten Menschen zutiefst empörte.

„He Sie, Neuner, sind Sie von Sinnen, mit dem Gewehr vor Gericht zu erscheinen? Was tun Sie mit der Waffe?“

„Ja mei, Herr Rat, i will mir halt beim Kupferschmied des B'schau vo meiner Büchs neu einstellen lassen“, erwiderte der Hannes schlagfertig.

„Schauen Sie, daß Sie weiterkommen! So lange Sie in diesem Aufzug sind, spreche ich nicht mit Ihnen. Außerdem haben Sie uns eine volle Stunde warten lassen. Sie erhalten Nachricht, für wann die nächste Verhandlung angesetzt ist. Jetzt verlassen Sie sofort den Raum!“

Gerne verzupfte sich der Hannes, warf einen triumphierenden Blick auf seine Geschwister und rauschte ab, die Büchse noch immer am Buckel.

Draußen auf der Straße lief er prompt einem Gendarmen über den Weg, der ihn anhielt und wegen der Waffe befragte. Auch ihm gab er die gleiche Antwort, daß er zum Kupferschmied müsse. Der Gendarm begleitete ihn höchstpersönlich zu dessen Haus und ging erst weg, als er sich davon überzeugt hatte, daß der Hannes auch wirklich hineinging. Der Bandl freilich, nicht faul, ging beim Vordereingang hinein, und sogleich, ohne Aufenthalt, zum Hinterausgang wieder hinaus. „I bin decht nit damisch“, sagte er zu sich selbst, „mei Büchsl is so guat eing'stellt, da könnt mir der Kupferschmied nur was verderben dran!“

Am Heimweg machte er Rast bei einem Heustadel, bei dem er sich in die warme Mittagssonne legte. Plötzlich kam ein Trupp von fremden Stadtleuten, die sich zu ihm setzten und ihn über alles mögliche ausfragten. Wie die Berge hießen, wie hoch sie seien und so weiter. Einer der Fremden hatte sich etwas abseits niedergelassen, und Hannes bemerkte zu seinem Ärger, daß dieser emsig dabei war, ihn, den so stattlich und älplerisch Gekleideten zu zeichnen. Wütend stand der Wildschütz auf und machte sich ohne Gruß davon. Er wollte seine Zeit nicht vergeuden, denn die Geiß vom Vormittag mußte noch rechtzeitig vor Einbruch der Nacht in Sicherheit gebracht werden.

Ein paar Tage später brachte der Postbote einen Brief für den Hannes. Das war, da er sehr selten Post bekam, ein besonderes Ereignis. Noch größer freilich war seine innere Aufruhr, als er den Absender las: die Kathi war es. Aufgegeben war das Schreiben in Samaden im Engadin, wo seine Liebste Zuflucht bei Verwandten gesucht und auch gefunden hatte. Sie schrieb, es gehe ihr gut, und sie versuche, ihn zu vergessen. Flehentlich bat sie ihn, nicht mehr an sie zu denken.

Drei Tage lang trug er den Brief in der Tasche herum, ehe er sich daranmachte, ihn zu beantworten. Er tat es auf seine Weise. Hören wir, was der Chronist darüber berichtet, aber hüten wir uns, jedes Wort gleich auf die Goldwaage zu legen.

„Lange suchte er im Haus nach einem Blatt Papier. Tinte und Feder waren nicht zu finden. Nun fiel ihm etwas ein: mitten in der Nacht kroch er durch seinen unterirdischen Gang zum Klammbach. Diesen konnte er mit einer unauffälligen Brettervorrichtung durch einen Ruck vom Rinnsal ableiten. An einer bestimmten Stelle im Bachbett schob er den Schotter und dann eine dicke Lage Letten von einer Falltüre und gelangte in eine Art Eiskeller, wo er oft mehr Fleisch nach Auswahl hängen hatte als mancher Metzger. In einem Gefäß stand frisches Gemsblut. Das nahm er an sich und riß einem großen Lämmergeier eine Flügelfeder aus. Nun tat er den großen, schweren Deckel wieder zu und lenkte den Bach wieder ein. Daheim läuterte er das stockende Blut, schnitt den Federkiel schräg und schrieb mit viel Mühe den Brief an die Kathi. Holprig war er zwar, aber er sagte doch aus, was der Schreiber sagen wollte: er danke vielmals für den Brief und schlage sich nun seit ihrem Weggang allein durchs Leben, was er auch in Zukunft zu tun gedenke.“

Bald hatte er andere Sorgen und keine Zeit mehr, an das Mädchen zu denken. In den bayerischen Grenzbergen spürte man es, daß sich der Hannes im Vorjahr so rücksichtslos herumgetrieben hatte. Die Kare, die früher schöne Gemsbestände gehabt hatten, waren leer, und was noch übrig blieb, wild in alle Richtungen versprengt. König Ludwig I. von Bayern, der gewohnt war, jedes Jahr im November zur Gemsenjagd in diese Gegend zu kommen, mußte diesmal unverrichteter Dinge und voll Ärger wieder abreisen. Er war so vergrämt, daß er beschloß, dem Tiroler ein für allemal das Handwerk zu legen. Er erklärte ihn für vogelfrei. In dem entsprechenden Erlaß heißt es zum Schluß, es sei vorgesehen, daß der tote Wildschütz mit behördlicher Festlichkeit, Militärabteilung, Teilnahme sämtlicher Musikkapellen, Beflaggung der Straßen — kurz im Triumphzug durch Garmisch geführt werden müsse. Es solle ein Festtag für ganz Bayern werden. So genau hatte man also behördlicherseits schon den Tod des Hannes ins Auge gefaßt. Aber die Herren hatten sich verrechnet. Jetzt grad nit, sagte sich der Gesuchte und wendete eine neue List an: die Verkleidung. Als Städter gekleidet setzte er sich ins Garmischer Gasthaus zum Kainzen Franz, und seine Adjustierung mit hellgrauer Pumphose, Lackschuhen und Zylinder war so gewählt, daß kein Mensch ihn erkennen konnte. Zeitunglesend saß er am Wirtshaustisch.

„Gibt's was Neues?" fragte ihn höflich der Wirt, als er ihm den Maßkrug hinstellte.

„Nichts besonderes", war die gleichgültige Antwort.

„Haben's den neuesten Erlaß schon gelesen, daß der berüchtigte Tiroler Wildschütz für vogelfrei erklärt worden ist?"

„Nein; steht das da drinnen?"

„Da is sein Bild", mischte sich der Gemeindediener ein und hob stolz seine Porzellanpfeife in die Höhe, um sie den beiden zu zeigen.

„Ah, da schau! Das interessiert mich. So also schaut der Lump aus!" sagte der Städter.

„Ja, jetzt wird er nimmer lang leben", meinte der Wirt.

„Oh, der lebt noch lang", äußerte sich der Schäfer von Grießen. „Ja, bald möcht ma sagn: a verhexter Mensch. Augen hat er wia a Adler, steigen kann er besser als wia die Gemsen, des is tatsächlich beobachtet wor'n. Flink und gerissen is er als wia a Murmeltier und an Spürsinn hat er, besser als a Fuchs. Der Kohlenbrenner droben im Stuibenwald soll a geheime Gerberei betreiben, die wo der Bandl allein mit Wildhäut' beliefert. Des is a ganz a außergewöhnlich's Individuum, dem kimmt a der Teufel nit zu."

„Diesmal aber ist die Sache extrafein ausgearbeitet", mischte sich der Wirt wieder ein, „erstens einmal is von der Regierung die schöne Prämie von 120 Mark ausg'setzt, die von den Gemeinden Garmisch und Partenkirchen auf eigene Rechnung noch bedeutend erhöht wird. Dazu hat man noch das Jagdaufsichtspersonal ausgewechselt und verstärkt; a paar ganz berühmte Jäger von Tölz und Berchtesgaden sind schon hierher berufen worden. Für den heutigen Abend sind droben im Forsthaus alle Jäger des Bezirkes und ein Mitglied der Regierung z'ammeng'rufen worden. Dabei wird der ganze

Plan, wie man den Wildschütz fangen kann, genau durchbesprochen."

„Na, dann muß es ja klappen", sagte der Stadtherr, stand auf und verabschiedete sich.

Ja mei, wenn die g'wußt hätten, wer i bin, lachte der Hannes in sich hinein, als er in seiner noblen Kleidung durch Garmisch ging. Is lei guat, daß i jetzt Bescheid weiß über den Erlaß, kann i mir decht jetzt meine Gegenschläg entsprechend einteilen. Aber daß sie mi gar auf der Pfeifen haben, des paßt mir scho gar nit. Da muaß i mi scho fescht verkleiden, daß mi die Leut' nit erkennen. Aber koa Angscht nit, so wia auf der Pfeif'n werd' i nit oft ausschaugn!

Inzwischen war im Garmischer Forsthaus ein schönes Mahl hergerichtet worden. Am Abend saßen Jagdberater und Jäger im großen Herrenzimmer. Durch einen Schuber wurden von der Küche die Speisen hereingereicht. Auf einmal gab es in Küche und Zimmer starken Rauch und Qualm. Als man die Fenster aufreißen wollte, sah man, daß die Balken von außen fest verschlossen waren. Verwundert eilten die Jäger zur Haustüre, aber auch die war verrammelt. Der Qualm wurde so dicht, daß die Petroleumlampe am Ausgehen war.

„Den Kamin hat man uns zugesteckt, schlagt doch die hintere Glastüre ein, sonst müssen wir ersticken!" rief einer. Aber auch die Glastüre war von außen mit Brettern zugemacht. Nach langer Mühe gelang es, sie aufzubringen.

„Was ist denn da wieder im Spiel? Etwa eine regierungsfeindliche Bande?" fragten die Herren aus München, „die müssen verfolgt werden, sie können noch nicht weit sein!"

„Nein, das ist nicht zu machen bei der stockfinsteren Nacht", meinte der Oberförster Krimm, „am besten ist es, wenn einige Jäger das Haus umstellen, damit wir ungehindert weiterverhandeln können."

Als sie ins Herrenzimmer zurückkamen, bot sich ihnen ein verblüffendes Bild: auf dem Tisch lagen die Eingeweide einer Gemse; langsam sickerte das Blut über die weiße Tischdecke. Am meisten aber erbitterte die Jäger, daß quer darüber auch noch zwei fast ausgetragene Gemskitze lagen. Daneben stand mit hellrotem Gemsblut geschrieben: „Schußprämie 200 Mark, großer Jubel in Bayern — man bittet höflichst zur Totenschau. Gruß Hannes."

„Wie konnte das nur geschehen?" fragte der Regierungsbeamte wütend.

„Auf natürlichem Wege nicht!" rief der Oberförster.

„Die reinste Zauberei!" schrie der Bürgermeister. „Ich tät's bald glauben, daß hinter diesem Menschen etwas Übernatürliches steckt, wie man oft sagt." Die Herren fügten nichts mehr hinzu und verließen beschämt das

Forsthaus. Der Oberförster gab den Auftrag, alles sorgfältig zu vergraben. Voll Zorn meinten manche Jäger, man solle ein Massenfeuer gegen den Wald zu eröffnen. Wenn viele Kugeln hineingepfeffert werden, könne den Spitzbuben doch eine erwischen. Weil man aber die Bevölkerung nicht beunruhigen wollte, sah man davon ab. Zum Schluß kamen alle überein, kein Sterbenswörtchen verlauten zu lassen, um sich nicht dem Spott auszusetzen.

Schon am folgenden Morgen trieb's den Hannes wieder in den Wetterstein. Er rastete grad auf einem Rasenbödele, als ein Adler von der Törlspitze herunterstach. Heißa, sagte sich der Wildschütz, heut' gibt's noch a Gemsenfleisch ohne Schuß. Und da sah er auch schon mitten im Kar die Gemse, auf die's der Adler abgesehen hatte. Ruhig und lang blickte dieser von seinem Standplatz auf das Wild hinunter. Auf einmal stieß er kerzengerade in die Tiefe. Im letzten Augenblick aber duckte sich die Gemse unter einen Felsen, so daß der Adler darüber hinabstechen mußte in das Geröll. Die Gemse trat wieder hervor und schaute auf ihn hinab. Der Adler schwang sich nochmals auf, setzte sich wieder auf den früheren Platz und stürzte dann rascher hinab als zuvor. Wieder konnte er die Gemse in ihrem Unterschlupf nicht fassen. Ein drittes Mal versuchte er sein Spiel, aber wieder ohne Erfolg. Dann flog er hoch auf und verschwand drüben hinter dem Hochwanner. Aber es dauerte nicht lange, dann kam er wieder, diesmal in Begleitung eines Weibchens. Dieses stieß hinab, überstach die Gemse und saß drunten im Geröll. Die Gemse beugte sich abermals aus ihrem Versteck heraus und sah dem Vogel nach. Diesen Augenblick benützte das Männchen. Es fuhr wie der Blitz auf die Gemse hinab, packte sie beim Genick und stürzte sie kopfüber die Felswand hinunter. Sodann machten sich die beiden Raubvögel rasch über die Beute her. Der Wildschütz schlug an, und der größere Vogel, ein wahres Prachtexemplar, rollte sterbend den Abhang hinunter, während der andere davonflog.

Ein paar Tage später hatte der Hannes ein Erlebnis, das ihn doch mächtig beeindruckte. Er wilderte wieder einmal im Bayerischen bei den Hundstallfelsen und war gerade dabei, seine dritte Gams aufzubrechen, als ein Schuß knapp neben ihm einschlug.

„Bravo, Friedl, gut gezielt!“ hörte er eine Stimme ausrufen, „A Zweihundertmarkschuß und Jubel in ganz Bayern!“

Der Hannes zappelte noch ein bißchen, dann lag er regungslos im Geröll. Mit angeschlagenem Gewehr gingen die Jäger auf den Stein zu, hinter dem der „Tote“ liegen mußte.

„Er rührt si no“, flüsterte der Friedl, „i han eppes kriechen g'sehn.“

„Naa, naa, es is alles ruhig“, stellte der Förster fest. Gut fünf Minuten lang schauten sie unverwandt nach dem Stein. Dann gingen sie schußbereit darauf zu. Als sie vor dem Block standen, war alles leer. Nur der Mantel lag da und der Hut, der so hingesetzt war, daß man im ersten Augenblick meinen konnte, es wäre der Kopf.

„Jetzt kenn i mi aber nimmer aus", schimpfte der Friedl, „is denn der Höllentuifl rein in den Boden g'schloffen?"

Sie verschoben die Steinplatte, auf der der Mantel lag und suchten die ganze Umgebung ab. Nichts war zu finden.

„Des kann nur der verflixte Bandl g'wesen sein, des is g'wiß. Nur der versteht's, sich in der Not unsichtbar z'machen, weil er mit'm Tuifl im Bunde is. Der Oberjäger Ferdl hat mit einem scharfen Spektiv genau g'sehn, wia der Bandl mit oan oanzigen Schuß drei Gamsen erwischt hat. Dabei sein die nit amal beieinand' g'standen, ja, nit amal in die gleiche Richtung gangen."

„Des is ja nit möglich", staunte der Friedl.

„Ja eben, auf *natürlichem* Weg is es a nit möglich."

Ein paar Stunden später war der Wildschütz unversehrt wieder daheim. Sein gußeisernes Holzerpfanndl freilich, das war kaputt. Ein Mordsbleipatzen aus der Büchse des Jägers hatte es total zerschlagen; das Pfanndl hatte ihm das Leben gerettet. Ein bißl unruhig wurde ihm doch zumute, wie er da nachträglich dem Tod ins Auge schauen mußte. Er beschloß, in Zukunft etwas vorsichtiger zu sein.

Die Jäger aber plagte die Wut über den dreisten Wilderer bei Tag und Nacht. Eines Tages dachten sie sich miteinander einen Trick aus, mit dessen Hilfe ihnen der Hannes ins Netz gehen *mußte.* Der Broßl erläuterte ihn den anderen: „Wir nehmen an guaten, starken, tüchtig eing'wachsten schwarzen Zwirn. Den spannen wir auf Rollen und legen ihn aufi, dorthin, wo der Erzwilderer sein Unwesen treibt. So in Schuhhöhe, quer durch die Gegend — nacha muaß er ihn decht mit die Fiaß mitziachen. So könnt mer zumindest die Richtung verfolgen."

„Ja, wär nit dumm", gab der Föstl zu, „aber wenn a anderer unter der Zeit aufigeht, so ziacht halt der den Faden nach."

„Er darf nur zur Nachtzeit g'spannt sein, denn der Bandl geht ja nur bei Nacht. Wir miaßen halt den Faden jeden Morgen wieder aufrollen."

„Wenn der Bandl aber öfter um an Baum oder um a Dickicht umergeht, nacha wird der Faden reißen."

„Des macht der kaum. G'wöhnlich geht er schnurstracks aufi gegen den Hochwald."

„Probieren könnt' mer's ja", gab der Föstl zu.

Sie spannten die Schnur ein Stück oberhalb des Bandlhofes durch die Mähder. Vier Nächte blieb sie unberührt. Die Jäger wußten aber genau, daß der Hannes oben gewesen war im Hochwald und Wild heruntergeliefert hatte.

„Vielleicht hat er irgend an Schluff durch die Klamm. I moan, mir miaß'n weiter droben ansetzen", riet der erfahrene Föstl.

Sie spannten den Faden vom Stupfrain bis hinunter über die Kniepaßlichtung. Am nächsten Morgen war er abgerissen, aber nicht mitgenommen.

„Vielleicht hat sich bei der Nacht a Wild drein verwickelt", meinte der Broßl. „Mir dürfen lei nit aufgeben!"

Wieder probierten sie es und spannten die Schnur noch weiter oben im Wald. Am zweiten Morgen schien der Trick gelungen zu sein: langsam bewegte sich der Faden, und noch immer rollten die beiden großen Spulen. Vorsichtig und nur mit Mühe konnten sie der feinen schwarzen Spur folgen. Sie führte sie bis hinauf an die Lichtung unter den Rotschrofen. Plötzlich kollerten Steine.

„Holla, jetzt heißt's, aufpassen!" flüsterte der Broßl. Leise wie Katzen schlichen sie durch das Gebüsch zur Lichtung.

„I hab was g'merkt durch die Latschen. Des is er, glei muaß er außerkemmen", murmelte erregt der Broßl. Da trat auch schon die Gestalt hervor in einiger Entfernung, aber wer war es? Die Kräutersefa, das alte Weiblein, das mit einem Zegger unterwegs war, um Kräuter und Beeren zu sammeln. Es gab keinen Zweifel — es war die Sefa. Durch's Spektiv konnten sie sogar die tiefen Furchen auf ihrer Stirn erkennen und die grauen, unter dem Kopftuch hervorquellenden zottigen Haare.

„Mach mer, daß mer weiterkemmen! Die Sefa, des alte Schandmaul, wenn die uns sieht, nacha zerreißt sie sich lei's Maul drüber, daß mir auf sie Jagd g'macht ham!" sagte der Föstljäger.

„Den Zwirn miaß mer aber abschneiden, sonst spult uns die Alte da oben den ganzen Faden ab", riet der Broßl und alle waren einverstanden. Als sie gerade dabei waren, erklangen schlurfende Schritte dicht hinter ihnen, und aus den Büschen trat die Kräutersefa, die sie doch vor kurzem erst weit vor sich gesehen hatten.

„Jetzt kenn i mi aber nimmer aus — ham mir neuerlich zwoa Kräuterhex'n im Tal?" staunte der Broßl.

„Naa, des nit, aber an Wilddieb, der wo sich verkleidet hat", sagte der Hias. „Wenn des erste Weib nit der Bandl g'wesen isch, nacha will i Veitl hoaßen!"

„Und du hasch sogar die Stirnfalten in der Sefa ihr'm G'sicht g'sehen!" sagte spöttisch der Föstljäger. „Mir sein dem Haderlumpen einfach nit g'wachsen!" Mürrisch und schlechter Laune traten sie den Heimweg an.

Der Hannes hatte sich durch den Faden nicht hereinlegen lassen. Schon als er das erstemal gerissen war, war's der Hannes, der das bewerkstelligt hatte. Er hatte gerade einem Marder nachgespürt und war im Zickzackgang herumgepirscht, als er spürte, daß an seinem Schuhwerk etwas nicht stimmte. Spöttisch lächelnd beschloß er, den Jägern wieder einen Strich durch die Rechnung zu machen. Er suchte sich daheim einen alten, weiten Kittel und nähte ihn der ganzen Länge nach so zusammen, daß er die Büchse kommod hineinstecken konnte. Was die Jäger mit ihrem Spektiv aus dem Sack herausschauen gesehen hatten, waren nicht bloß Kräuter gewesen, sondern es steckte auch der von allerhand Grasln bedeckte Gewehrlauf drinnen. Im Zegger waren nicht Granten und Schwämme gewesen, sondern auch ein Hase und ein Marder, die er mit seinen unauffindbaren Fallen und Drähten ohne Schuß gefangen hatte.

Aufs Schlingenmachen und Schlingenlegen verstand sich der Hannes wie kein zweiter. Darin praktizierte er sozusagen seine eigene, geheime Wissenschaft. Schon aus seiner Jugendzeit werden noch heute allerhand Stückln erzählt. So war er einmal als zehnjähriger Bub mit seinen Eltern im Wald droben gewesen, um Bodenstreu zu hacken. Während Vater und Mutter in der Mittagszeit ein bißchen schliefen, beobachtete der Hannes eine Auerhenne, die in der nächsten Umgebung herumstolzierte. Heimlich löste er vom groben Fürtuch der Mutter, welches sich diese zum Kopfpolster gemacht hatte, das lange runde Band heraus und legte der Henne damit eine Schlinge. In kaum einer halben Stunde soll er sie gefangen haben. Als er sie abends unter dem Rock heimtrug, begegnete er dem Förster. Dieser sah aus des Buben Kleidung etliche Federn herausschauen und riß ihm den Rock auseinander. Da sah er die Henne mit der Schlinge um den Hals.

„Weißt nit, du Malefizbub, daß ma Auerhennen nit fangen und umbringen darf?“ fuhr er ihn zornig an.

„Is ja lei a galte g'wesen; die hätt sowieso nimmer brütet!“ war die schlagfertige Antwort des Zehnjährigen. Darauf mußte der Förster doch ein bißchen lachen und ließ ihn laufen.

Viele Jahre nach seinem Tod fand man noch seine für jede Wildgattung extra fabrizierten Schlingen massenhaft in der Klamm. Vieles von seinen Dingen wurde später von den Nachbarskindern im Spiel zugrunde gerichtet. Auch die Vorrichtungen, die er zum Einstellen der Rehplatter hatte. Von weit her, ja selbst von Bayern sollen Jagdliebhaber gekommen sein, um sich von ihm ihre Platter oder Rehruten wirksam einstellen zu lassen.

Inzwischen waren die Besitzverhältnisse des Bandlhofes geregelt worden. Hannes hatte zu Gunsten seines jüngeren Bruders Andrä verzichtet, bekam aber im Haus das Herbergsrecht. Da er aber keinem geregelten Beruf nachging, war's für ihn, um seinen Bedürfnissen nachzukommen, fast lebensnotwendig, regelmäßig Wild zu verkaufen. Viele Jahre lang waren seine Geschwister daran gewöhnt, ihn nur selten zu sehen — in den wärmeren Jahreszeiten kam er oft wochenlang nicht nach Hause. Aber auch der Winter konnte sein Treiben nicht wirklich stoppen: so erzählt man sich noch heute in der Leutasch davon, daß er einmal draußen im Bayerischen unter eine Lawine gekommen sei, aus der er sich selbst befreien konnte, die ihm aber beide Schuhe von den Füßen gerissen hatte. Sieben Stunden lang ist er auf Strümpfen durch die lange, wilde Partnachklamm gehatscht, bis er bei einem Bauern Unterschlupf fand.

In einem Sommer hatte er besonders schwere Zeiten. Im Höllental drüben war die Gemsräude ausgebrochen und sie griff rasch auf das östliche Wettersteingebirge über. Weil Gefahr bestand, daß in den umliegenden Almen auch die Weidetiere erfaßt werden könnten, hatte das Veterinäramt in München für diese Gegend den Abschuß sämtlicher Gemsen angeordnet. Daher fanden die Wildschützen in ihren gewohnten Gebieten nichts mehr vor, als überaus viele Kadaver und halbverwestes Hochwild.

Eine Standgeiß war noch da, aber der Hannes hatte das Tier gern, hatte ihm des öfteren im Winter einen Schüppel Heu hinaufgetragen und in die Lecken Salz getan. Er nannte sie heimlich bei sich „'s Tresele“ und schonte sie schon deshalb, weil sie ihm den Nachschub garantieren sollte.

Er hatte zu dieser Zeit einen guten Freund, den Toni, mit dem er so manchesmal losgezogen war. Einmal sprachen sie unterwegs vom „Tresele“ und der Hannes warnte den Freund davor, das Tier abzuschießen. Eine Weile später trennten sich die beiden; der Hannes schlich einem Hasen nach, als plötzlich ganz in seiner Nähe ein Schuß fiel. Er wird doch nit 's Tresele derschossen haben, dachte sich der Hannes und rannte, so schnell ihn die Beine trugen, in die Richtung, die der Toni genommen hatte. Schon nach mehreren hundert Metern fand er die Geiß verendend im Gebüsch liegen. Mit brechenden Augen schaute sie hilflos zu ihm auf. Dem harten Burschen saß ein Klotz im Hals, und er schwor dem Freund blutige Rache.

Am Abend trat, als wäre nichts geschehen, der Toni in die Stube und warf dem Hannes einen großen Brocken Rehfleisch hin. „Geh mir aus den Augen!“ schrie der Hannes wutentbrannt. „Koan Bissen rühr i an von dem Fleisch! I hab' di g'warnt. Dei Schuld, daß'd nit g'hört hasch auf mi!“

Wie ein geprügelter Hund schlich der Freund hinaus. Aber der Hannes konnte den Vorfall nicht vergessen. Er wußte den Schlüssel für das Kochhüttl in der Galtmahd, in welcher der Toni sein Gewehr und die übrige Wildererausrüstung versteckt hatte. Dorthin ging er mit dem Fleisch und den nötigen Werkzeugen. Beim Hüttl schnitt er mit der Handsäge dem Toni den Gewehrkolben ab und hackte ihn, so gut es ging, zu Scheitln. Diese stößelte er dann kreuz und quer auf, wie zum Feuermachen. Daneben schlug er den bloßen Gewehrlauf tief in den Boden und klemmte den Stiel einer alten Pfanne, in die er die Fleischbröckln geschnitten hatte, zwischen den Hahn. „Da magsch dir a Gulasch machen, wenn 's nächstemal herkommst", murmelte er voll Schadenfreude. Auch die blecherne Pulverbüchse stemmte er auf und schüttete den Inhalt in die Pfanne. Dann sperrte er das Hüttl zu und legte den Schlüssel an den alten Platz. Von da an hatte er an dem Toni einen Todfeind.

Auch mit seiner Familie stand es nicht zum Besten. Besonders mit dem Sohn seines Bruders Andrä, der ein Schneider war, hatte der Hannes seine liebe Not. Einmal war der Wildschütz grade dabei, einem Marder nachzuspüren, hatte aber knapp vorher seine Büchse vergraben, weil's ihm nicht geheuer war. Der Marder hat die merkwürdige Eigenschaft, ihm auffällig erscheinenden Dinge unverwandt so lange anzustarren, bis sie ihm aus den Augen sind. Das wußte auch der Hannes. Wenn lei jemand zur Hand wär, a Bub, oder a Hirt, der mir passen tat, bis i die Büchs g'holt hab, dachte er. Plötzlich hörte er, wie jemand pfeifend des Weges kam. Es war der Schneider, der gerade vom Brennholzmachen heim ging.

„Geh, sei so guat und steh mir a Weilele da her, bis i's Gewehr hab für den Marder da droben", bat der Hannes. Aber der Bursche machte ihm eine lange Nase und streckte die Zunge heraus. Dann machte er sich schleunigst aus dem Staub. Aber der erfahrene Wildschütz wußte sich zu helfen: er zog seinen Rock aus und hing ihn an einen hohen Stock. Diesem setzte er noch den Hut auf, so daß die Gestalt einem Menschen schon ein bißchen ähnlich sah. Dann schlich er davon, um die Büchse zu holen. Unentwegt spähte der Marder auf die Gestalt, so daß der Hannes mit seiner Waffe zurückkam und den Marder herunterschießen konnte.

Mit der Zeit wurde es im Tirolischen immer schwieriger, zum Schuß zu kommen. Deshalb beschloß der Wilderer wieder einmal, weit hinunter zum bayerischen Ebenwald zu ziehen, einem sicheren Platz, wo sich die Rehe noch rudelweise aufhielten. Sie traten dort des Abends an den Rand der Alpe heraus. Dort erhoffte er sich reiche Beute. Der Greinauer Loisl, dem er — was er sonst nicht tat — sein Vorhaben angezeigt hatte, war freilich gleich mit einer Warnung zur Hand. Es sei noch nie so gefährlich gewesen wie gerade jetzt, dort zu wildern, nachdem von Gesetz wegen jeder aufgefordert worden ist, alles Verdächtige sofort den Jägern zu melden. Seitdem gebe es keinen Wanderer, keinen Beeren- oder Schwammerlsucher, der nicht auf Schritt und Tritt nach Wilderern Ausschau hielte. Ihm, dem Loisl, war es jedenfalls zu gefährlich, den Hannes zu begleiten. So zog dieser also allein los, wie sonst auch.

Beim ersten Morgengrauen schlich er durch eine schmale Grasrinne hinauf. Ein Stück über ihm äste ruhig ein Reh. Rasch zog er die zerlegte Büchse aus der Kleidung, setzte sie zusammen und gab einen Schuß auf das Reh ab. Dieses aber tat keinen Rührer. Des gibt's doch nit, dachte der Hannes, so g'fehlt hab i decht no nie. Fast traute er sich nicht, ein zweitesmal zu schießen, tat es aber schließlich doch. Ein wohlgezielter Schrotschuß zersprengte den Kopf des Reh's. Aber statt quellenden Blutes rieselte helles Sägemehl hervor. Holla, jetzt ham's mir a ausg'stopft's Reh hing'stellt, dachte der Hannes, jetzt bin i verraten. Mit einem mächtigen Satz warf er sich ins nahe Gebüsch. Aber es war schon zu spät. Ober sich sah er zwei Gewehrläufe blinken, unten wachtelte ein Jägerhut. Diesmal war's ihm unmöglich, seine Tricks mit dem spurlosen Verschwinden anzuwenden. Eine große, weite, von keinerlei Büschen oder Bäumen unterbrochene Almfläche lag vor ihm, auf der friedlich eine Kuhherde weidete. Der Wildschütz machte einen mächtigen Sprung, den Kühen zu, während die Gewehrkugeln der Jäger um seinen Kopf pfiffen, ihm Löcher in den Hut schossen und am Gewehrkolben abprallten. Mit letzter Kraft warf er sich hinter die vorderste Kuh, die sogleich, von einem tödlichen Geschoß getroffen, zu Boden sank. Nun war er wieder ohne Deckung. Gottlob waren die Jäger so erschrocken über den Umstand, daß sie statt des verhaßten Wilddiebes ein harmlos weidendes Tier getroffen hatten, daß sie für kurze Augenblicke das Feuer einstellten. Diese Pause genügte dem Hannes, sich noch tiefer in die Herde hineinzubohren. Zu seinem Pech aber trat ein Hirte aus dem nahen Kälberhüttl, welcher durch die Schießerei aufgeschreckt worden war und nun durch aufgeregte Zurufe versuchte, die Herde in die Nähe seiner Behausung zu bringen. Wieder stand der Hannes ungedeckt, welchen Umstand er jedoch rasch ändern konnte, indem er hinter die letzte, verstört dreinschauende Kuh springen konnte. Rasch fingerte er in seinem Proviantbeutel und brachte etwas Salz heraus, mit dem er das Tier zu einem steil abfallenden Graben lockte, der ihm Deckung bieten sollte. Der Hirte lief laut schreiend hinter ihm her und holte ihn schließlich ein. Im selben Augenblick packte ihn der Wildschütz beim Unterschenkel, zerrte ihn rasch hinunter in eine Grasschlucht und schlug ihn bewußtlos. Dann riß er ihm den Mantel herunter und die umgehängte Tasche, warf sich alles über die Schulter, nahm den langen Stock zur Hand und spazierte seelenruhig, als Hirte gekleidet, aus dem Graben heraus. Die Jäger in einiger Entfernung fielen auf den Schwindel herein, zumal der Hannes ihnen mit dem Stab die Richtung wies, in der angeblich der Wilddieb gelaufen war. Eiligst machten sie sich dorthin auf den Weg und ließen einen grenzenlos erleichterten Bandl Hannes auf der Almwiese zurück. Wieder einmal war er buchstäblich in allerletzter Minute dem Tod gerade noch von der Schaufel gesprungen.

Die Jahre vergingen, der Hannes wurde alt und müde. Er fühlte es selbst, wie seine Kräfte nachließen. Nun hinterließen mit einem Mal all die vielfältigen Strapazen, denen sein Körper ausgesetzt war, ihre Spuren: die ungezählten Nächte, die er ohne jeden Schutz in irgendwelchen Felsschlüffen zugebracht hatte und die Tage, da er, unter schwerer Beute keuchend, seinen Weg genommen hatte durch Hitze und durch Kälte. Früher oder später mußte sich all das rächen, seiner starken Natur zum Trotz. Bald war er so ermattet, daß er es nicht mehr riskieren konnte, in den Wald zu gehen. Ein paar Wochen, solange die Sonne noch warm schien, saß er auf der Bank vor dem Bandlhof, umsorgt von seiner Schwägerin, die sich jetzt, da er nicht mehr wildern gehen konnte, geradezu rührend um ihn sorgte. Sie war es auch, die eines Tages den Herrn Pfarrer zu ihm bat, der ihn, im Bett liegend, vorfand. Der geistliche Herr, der genau über das Vorleben des Hannes Bescheid wußte, schaute um sich und war ein wenig entsetzt über das wilde Durcheinander von Gemshäuten, Rehkrickeln, abgesägten Hirschgeweihen und zerfressenen Hasenfellen. Die Wände hingen voller Gewehre. Er beugte sich zu dem alten Mann hinunter, der mit verwahrlosten Haaren und struppigem Bart zwischen den Kissen lag.

„So, Hannes, jetzt komm' i di a amal b'suachen. I glaab, du hättest mir allerhand zu erzählen."

„I? Nit daß i wüßt, was i Ihnen zu erzählen hätt! Wia i g'lebt hab', so hab' i g'lebt, und bereuen tu i scho glei gar nix. Und außerdem, Herr Pfarrer, in den Stunden, wo i an Menschen gebraucht hätt, da warn's ja a nit da!"

„Schau, Hannes, du darfst doch nit so gottverlassen sterben, wie du g'lebt hast! Mach deinen Frieden mit dem Herrgott, i hilf' dir dabei."

„Frieden mit dem Herrgott — i hab nie in Unfrieden mit ihm g'lebt! Was glauben's, Hochwürden, wia oft i hoch droben g'sessen bin auf hoher Bergspitz und hab' a Vaterunser in die steilen Schluchten g'schickt, aus denen i grad kommen bin. Und hab dem Herrgott 'dankt für mei herrlich's Leben und für die Freiheit. Ja, Hochwürden, die Freiheit, des is des höchste Guat, des der Mensch besitzt. Und so frei, als wia i g'lebt hab', will i jetzt sterben. Aber an G'fallen könnten's mir tuan, Hochwürden. Den Neder Seppl gehn's mir holen. Mit dem hab i no a Wörtl zum reden. Sonst aber: nix für unguat, Herr Pfarrer!" Damit drehte sich der Hannes mit dem Gesicht zur Wand und dem Herrn Pfarrer blieb nichts anderes übrig, als den verstockten Sünder zu verlassen.

Schon am folgenden Tag trat der Neder Sepp, mit dem der Hannes öfter in den Wald gezogen war, in dessen Stube.

„Seppl, guat, daß'd da bisch! I will mit dir reden, bevor i abberufen

wer'! Es sind vor allem zwoa Sachen: Du wirst zwar wissen, daß i an separaten Keller betrieben hab', aber wo, des woaß koaner. Früher hab' i ihn drunten g'habt im Klammbach, direkt unter'm Bachbett. Mit oan Ruck am Holzhebel hab' i den Bach auf die andere Seit'n g'lenkt und hab' können ruhig einsteigen. Allerdings hat miaßen die Verdeckung ganz guat g'macht sein und zuunterst im Keller a separater Kanal weit außigian. Der Keller isch einzigartig g'wesen. Aber's Hochwasser hat mir oft zu schaffen g'macht. Drum hab' i ihn schließlich aufg'lassen. Mein jetziger Keller is weiter drinnen in der Klamm, direkt im Felsen. Du gehst den Bach entlang bis zum ersten Wirbel unter'm Wasserfall. Dort steigst links über des Schröfele hinauf zum Wasserboden unter der Wand. Am Bödele liegt a umg'rissene starke Birkenstaude. Die nimmst beim Gipfel und ziachst fest gegen aufwärts, der Wand entlang. Du muaßt aber höllisch fest ziachen, mit allen Kräften, und zwar so weit, bis du den ersten Ast hinter dem Feichtele einhängen kannst. So geht des ganze schwere Wasenbett mit. Es liegt auf an wasserdichten Bretterdeckel und der geht auf Rollen. So kannst unten einisteigen. Nimm dir a Latern' mit. Im Keller find'st a Kistl, da sein mindestens an die fünfzig schiane Gamsbart drein. Der beste is wohl an Schuach lang und hat an Reif wia Schnee. Vom jungen Fabriksherrn in Telfs hätt i längst schon dafür 40 Gulden angeboten g'habt. Den kannst ihm geben und mit dem Geld gehst aufi zu die Pater und sagst, sie soll'n jed's Jahr an mein' Todestag a Meß lesen und zwar so lang, bis des Geld auf'braucht is. Den zweitbesten Gamsbart b'haltest für di. Und die ander'n Bart gibst meine Kollegen. Aber ja nix dem Mösmer Toni, des war koa echter Wildschütz."

Er machte eine kleine Pause, ehe er fortfuhr: „Am unter'n Eck im Keller sein die groaßen Hirschhorn, zwoa Sechzehner; oan hab' i g'schossen weit drunten im Boarischen, so gegen Tegernsee zua, den andern im Schwarzwassergebiet weit draußen im Außerfern. Die Stangen behaltest für di als Andenken von mir. Die anderen aber, wo a des Datum, wann und wo g'schossen drauf steht, kriegt der Greinauer Loisl; des is scho lang ausg'macht. Die zwoa schian ausg'stopften Gamsköpf schickst an's Museum nach München, die bleiben dort zur Schau mit der Inschrift: Gnädige Spende eines Tiroler Wildschützen. Die dortige Leitung hat solches sogar erwünscht. Droben auf der Stellasch' stehn zwoa große Kübel voller Irgamentenschmalz; des verkaufst dem Apotheker Moser in Innsbruck damit des Volk eppes kriagt für die starren und kranken Glieder. Der zahlt guat, und mit dem bin i schon lang in Verbindung. Auch die anderen Sachen, wie die guaten Fuchs- und Marderbalg' verkaufst und tuast dann alles zahlen, was draufgeht beim Kranksein, beim Sterben und beim Begräbnis."

Der Sepp schaute voll Wehmut auf den Freund. Der nahm seine Hand und sagte: „Da is noch etwas, von dem mir no nit g'sprochen haben: nämlich über mein' größten Schatz, der mi begleitet hat durch's ganze Leben."

„An Schatz? Du hast koan Schatz mehr g'habt, seit du ganz jung bisch g'wesen", warf der Seppl ein.

„I woaß nit, Seppl, verstehst mi oder verstehst mi nit? Mei Schatz liegt droben verborgen im Wald und wartet auf mi. Aber i kann nimmer kommen und kann ihn nimmer unter'n Arm nehmen. Der nutzt mi jetzt gar nix mehr. Drum hol ihn, Seppl, — er liegt droben versteckt neben der Schafgufl unter dem Wandl, samt Pulver und Blei. Halt ihn in Ehren, laß sein' Lauf blank und a des Pulver trocken bleiben. Und wennst damit auf'm großen Preisschiaßen a Zentrum außerbrennt hast, dann sag ihnen: des war dem Bandl Hannes sei Büx!"

Während er all dies sagte, rannen dem alten Wildschützen die Tränen über die stoppeligen Wangen. Der Seppl sah, wie müde ihn das viele Reden gemacht hatte und wie erschöpft er war. Er machte sich auf, um allen seinen Wünschen nachzukommen. Den Hannes freilich sollte er nicht mehr sehen. Schon zwei Tage später tat er seinen letzten Schnaufer. Es war ein kalter Morgen im Dezember 1863.

Noch heute, 121 Jahre später, geistert der Bandl Hannes durch die Erzählungen der Jäger aus der Leutasch, aus Scharnitz und Garmisch-Partenkirchen; man berichtet von seinen nahezu einmaligen Schlichen und Kniffen. Daß er auch bei den Jüngeren nicht ganz in Vergessenheit gerät, — dafür sei dieser Bericht aufgeschrieben.

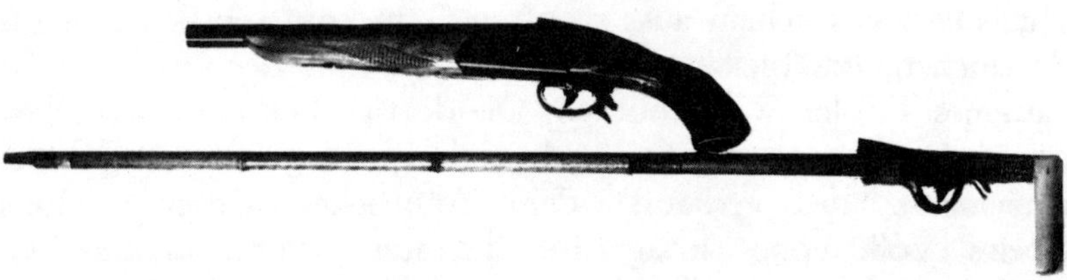

Typische Wildererwaffen. Jagdgewehr mit abgesägtem Lauf und Schaft (oben), als Spazierstock getarnte, umgebaute Flinte, die auch gutes Zielen ermöglicht, (unten).

Wilderer in der Soutane

Wie sehr das Wildern einem Menschen im Blut stecken, wie sehr er fähig sein kann, seine ganze Philosophie, sein ganzes Handeln auf diese Leidenschaft hin auszurichten — dafür gibt es wohl in ganz Tirol kein besseres Beispiel als den berühmt-berüchtigten, aber gleichermaßen hochgeschätzten Schmirner Pfarrer Joseph Prieth. Er mußte wohl in einer Sonderaudienz dem Herrgott seine besondere Einstellung dargetan haben, die besagte, daß Er, der Herr über allem, was da kreucht und fleucht, Rehe, Hirsche, Füchse, Murmelen und Gemsen, nicht allein für Fürsten, Grafen und Nationalräte geschaffen hat. Daß Er vielmehr in seiner Weisheit den Drang zum Jagen auch dem niederen Volk eingepflanzt hat, diesem Heil und Nahrung bringend durch Jahrtausende hinweg. Nun gehören aber auch kleine Tiroler Bergdorf-Pfarrerlen dem sogenannten „niederen Volk" an, und so kann es eben nicht verwundern, wenn ab und zu einem Geistlichen Herrn die Jagdleidenschaft als verbindliche, verpflichtende Gabe verliehen worden ist. Aber nicht nur das — der Herrgott mußte mit verschwenderischer Hand die Sonderaudienz des Joseph Prieth bedacht haben, denn er legte neben der Jagdleidenschaft auch die Fähigkeit in des Mannes Brust, seine gesamte Einstellung zu „Gut" und „Böse" an dieser Jagdleidenschaft auszurichten. Wäre dieser göttliche Ratschluß nicht gewesen, es wäre undenkbar, daß ein Mann der Kirche in so hohem Maße die irdischen Gesetze mißachtet hätte. Er hatte sein eigenes Recht und lebte damit, von Skrupeln unangefochten, ein sechsundneunzig Jahre währendes schönes Leben lang. Wenn er heute noch unter uns wäre, und wir stellten ihm die Frage, was er in seinem Leben falsch gemacht hat — das Wildern würde er bestimmt nicht anführen.

Ihm allein (oder doch fast allein) war es zuzuschreiben, daß das Schmirntal, in dem er Jahrzehnte hindurch ein guter Pfarrer war, in Bezug auf Gemsen total ausgeschossen war. Auch die Nebentäler erholten sich erst, als er nach Mösern versetzt worden war. Dort freilich brachen dann üble Zeiten an, denn auch am neuen Wohnort konnte der Geistliche seine Leidenschaft nicht bezwingen.

Wer war nun dieses Original? Die Daten sind schnell berichtet. Joseph Prieth wurde am 4. September 1864 in Graun am Reschenpaß geboren, einem Ort, in dessen Gotteshaus er übrigens die letzte Heilige Messe las, ehe es in den Fluten des Stausee's versank. Am 3. Juli 1887 wurde er zum

Priester geweiht. 1932 ging er in Pension. Er starb 1960 im Alter von sechsundneunzig Jahren.

Er war klein von Statur, etwas untersetzt, aber ungemein kräftig und drahtig. Selbst junge Burschen hatten Mühe, als er in der Mitte seines Lebens stand, mit ihm Schritt zu halten. War das Glück ihm hold gewesen, und er war wieder einmal zu Schuß gekommen, dann schleppte er die Beute eiligst in Sicherheit. Die Jäger des Tales, die allesamt um die Leidenschaft

„Der Herrgott hat's Wild für alle g'macht, nit nur für a paar!" – meinte der Wilderer-Pfarrer Prieth (links) aus Schmirn und ging bis ins hohe Alter auf verbotene Pirsch.

ihres Pfarrers wußten, hielten es nicht für möglich — sie hatten kaum den Schuß vernommen und wähnten Prieth noch irgendwo in den Schrofen, als zur gewohnten Stunde um sieben Uhr die Betglocke zur ersten Messe rief, ein Zeichen, daß der Pfarrer zumindest in der Kirche anwesend war. Ein Zuspätkommen zur Messe gab es bei ihm nicht. Aber hören wir, was er selbst dazu sagte: „Einmal, ja einmal wäre ich bald zu spät gekommen. Aber nur beinahe. Es war im Frühwinter, und im November lag schon haufenweise der Schnee. Schon der Aufstieg war nicht leicht und brauchte doppelte Zeit. Schließlich war es ja vor allem ein Erkundigungsgang wegen der frühen Wildfütterung. Mutterseelenallein zog ich die Spur. Langsam das

Vorwärtskommen und in der Luft so ein Krachen. Und dann donnerte es, eine richtige Lawine war es, Naßschnee und zentnerschwer. Sie hat mich mitgenommen, hinunter ins Tal, zerrte an meinem Rock und — ja, du magst es glauben oder nicht — riß mir buchstäblich die Hosen vom Leib. Gott sei Dank blieb ich aber obenauf, und als ich mich mühsam aufrichtete, läutete die Glocke zum ersten Mal für die Messe. Aber es gibt Nothelfer. Besonders den Rochus habe ich angerufen und die Barbara dazu. Die haben mich nie im Stich gelassen — auch diesmal nicht. Schlag fünf Minuten vor sieben bin ich bei der hinteren Sakristeitüre hineingeschlichen, eben wie die ersten frommen Weibersleut vorne bei der Kirchentür hinein kamen. Haha, wenn die mich in meinem Aufzug gesehn hätten! Der Pfarrer in der Unterhose! Die hätten den Teufel angerufen! Der Mesner machte wohl große Augen, aber ich herrschte ihn an: ‚Heut amol keine Alba mit Spitzen, heut brauch i die wollerne.'"

Es soll auch vorgekommen sein, daß er in der Eile nicht mehr dazu kam, die nassen Schuhe zu wechseln und sich der Zeitersparnis wegen einfach barfuß an den Altar stellte. Aber in Schmirn und später in Mösern waren die Leute ja ohnehin allerhand gewohnt von ihrem Pfarrer. Er hielt eisern darauf, jeden Tag seine Messe zu lesen und wenn's nicht anders ging, auch um ein Uhr in der Nacht. Die verschlafene Häuserin, die dabei den Ministrantendienst verrichten mußte, wird ihn dafür verflucht haben. Aber im allgemeinen trug sie ihr Schicksal mit Gottergebenheit — der Pfarrer war eben „so".

Man war daran gewöhnt, auch zu ungewöhnlicher Stunde den geistlichen Herrn losziehen zu sehen, im langen schwarzen Überrock, der ihm etwas geradezu Feierliches gab und meist einen Mantel darüber, unter dem die Waffe verborgen war. Diese förmliche Adjustierung mag ihm manchmal hinderlich gewesen sein, wenn er sich, wie berichtet wird, bei Aufzug von Gefahr von einem schmalen Felsband, das er gerade bezwingen wollte, weit hinauswarf in den Wipfel einer einzeln im Abgrund stehenden Fichte. Sein Augenmaß war so genau, daß er, sooft er dieses Kunststück auch wagte, niemals dabei gefehlt hat, sondern jedesmal putzmunter und behende wie ein Eichkatzl den Stamm hinuntergeglitten ist. Wieder einmal war er den Jägern entkommen! Diese standen oben am Felsen und rieben sich die Augen. Es konnte doch nicht sein, daß der geistliche Herr mit dem Teufel im Bunde war! Nur dieser, so sagt man, kann einen Mann von einer Sekunde zur anderen unsichtbar machen. Den Jägern jedenfalls war ihr Pfarrer im höchsten Maße unheimlich. Jeder wußte von seinem Wildschützenleben, aber es war ihnen unmöglich, ihn zu überführen. Hören wir, wie er es mit seinen eigenen Worten schilderte: „Neider und Ohrenblaser gibt's immer.

Auch im Schmirner Tal. Tatsächlich hat mich da einer beim Gericht in Steinach angezeigt — das heißt, dem Richter einen Wink gegeben. Genaueres wußte man ja nicht. Nun, der Herr Oberlandesgerichtsrat konnte mich nicht schlecht leiden und lud mich rein informationshalber vor ins Bezirksgericht. Ich war pünktlich zur Stelle. Das macht immer einen guten Eindruck bei den Behörden. Der Oberlandesgerichtsrat holte mich schon bei der Tür ab und schob mir einen Sessel hin. Man sah, daß ihm die ganze Sache peinlich war; er machte eine lange Einleitung, redete um den heißen Brei herum und äußerte immer wieder, daß es allerlei Gerede gebe im Schmirntal und Umgebung, daß manche dem Pfarrer gewiß bloß eins auswischen wollen, keiner aber selber etwas gesehen hätte, und so weiter. Dem armen Richter wurde der richterliche Kragen zu eng, und mit einem verzweifelten Blick auf den Pfarrer faltete er die Hände und flüsterte: „Gelt, Sie waren es nicht, Hochwürden?" — „Nein, Herr Oberlandesgerichtsrat, diesmal war ich es nicht." Das war die Wahrheit. Diesmal. Der Oberlandesgerichtsrat seufzte hörbar auf und erklärte: „Ich hab' es ja immer gewußt, Sie waren es nicht, Herr Pfarrer." Und sichtlich erlöst schloß er den Akt und drückte mir weiterhin wohlwollend die Hand. Die Schmirner hatten wieder einen unschuldigen Pfarrer. Bis zum nächstenmal.

Oft ging Prieth allein hinaus ins Revier, oft nahm er junge Burschen mit. Einer davon, heute schon ein älterer Herr, hat uns das so geschildert: „Wir waren mehrere Stunden steil bergauf gestiegen, ohne etwas gesehen zu haben. ‚Das gibt's doch nit', meuterte Prieth gerade, als unvermutet hinter einer Felsnase ein ganzes Rudel Gemsen auftauchte. Prieth, der damals auch nicht mehr der Jüngste war, stieß einen jugendlichen Schrei aus."

Prieth liebte es auch, sich von Bauern Wild zutreiben zu lassen. Böse Zungen behaupten, er hätte diese Dienste als selbstverständlich einem Manne Gottes gegenüber angesehen und hätte die Männer weder mit Wildbret, noch mit Geld entlohnt.

Ja, das Geld spielte in Prieths Leben auch eine gewisse Rolle. Dem Vernehmen nach soll er aus seiner Wilderei einen nicht unbeträchtlichen Nutzen gezogen haben. Wenn dies aber so war, so hat er es wieder gutgemacht, indem er in seinem Testament der Gemeinde Mösern und ihrer Kirche ein schönes Erbe hinterlassen hat.

In Mösern war es auch, wo er von einem guten Bekannten Besuch bekam. Prieth, der damals in den Siebzigern war, klagte mächtig über den schlechten Zustand seiner Augen, die eben einfach nicht mehr taugten. Wie sehr er damit gemogelt hatte, sah man Minuten später, als die Häuserin das Mittagessen auf den Tisch stellte: einen Gemsbraten, was denn sonst! Auch über seine Beine, die ihn nicht mehr tragen wollten, jammerte er. Sie haben ihn aber nichtsdestotrotz noch weitere zwanzig Jahre über Stock und Stein geführt. Nicht lange vor seinem Tod wollte man ihm in der Innsbrucker Klinik ein Bein abnehmen. Als man in sein Zimmer kam, um ihn zur Operation zu holen, war der Fünfundneunzigjährige verschwunden — auf und davon!

Sein Lebtag lang hat Prieth sich nicht unterjochen lassen, nicht von Ärzten und nicht von Behörden. Wie er zu diesen stand, mag eine letzte kleine Begebenheit dokumentieren, die freilich nichts mit dem Wildern zu tun hat.

Sofort nach dem Anschluß 1938 mußte auf Drängen der neuen Machthaber ein Hirtenbrief erlassen werden, der die Gläubigen zu Ruhe und Besonnenheit aufrief und mit dem Ruf „Heil Hitler!" schloß. Es hieß, dieser Brief habe am Sonntag in allen Kirchen von den Kanzeln verlesen zu werden. In Prieths Kirche blieb alles stumm. Der Pfarrer, zur Rede gestellt, sagte dazu lakonisch: „Jetzt gehn's amal in meine Kirche und schaun' sich um. Da gibt's ja gar koa Kanzel, von der aus i den Brief hätt' verlesen können!" Sagte es und lächelte über das runde Nickelgestell seiner Brille hinweg, in dem meistens ein, wenn nicht gar beide Gläser fehlten.

„Wildschützen, die sich nicht ergeben, sind tot oder lebendig einzubringen!... Auf vermummte Wilderer darf ohne Anruf geschossen werden, sie sind als vogelfrei anzusehen..." – aus Gerichtsprotokollen der Jahre 1689–1740. In dem zum Erzbistum Salzburg gehörenden Gebiet Osttirols wurde 1687–1709 das Schießen von Steinböcken mit der Galeerenstrafe vergolten.

Makabre Wildererbergung

Obwohl es erst Mitte November des Jahres 1913 war, hatte es schon viel Schnee gegeben. Er konnte, da er gleich im ersten Anlauf in großen Mengen gefallen war, keinerlei Unterlage bilden und lag als weiße, gefährliche Masse im Kaisergebirge. Der geringste Wind würde genügen, die Schneemenge, die lose auf den Felsen auflag, ins Rutschen zu bringen. Die Einheimischen wußten das. Sie und ihre Vorfahren hatten im Laufe der Jahrhunderte gelernt, mit der Gefahr zu leben. Anders war es freilich mit Leuten, die zugewandert waren oder sonstwie aus anderen Gegenden kamen. Waren sie klug, so richteten sie sich nach den Warnungen der Ortsansässigen, bestimmte Lawinenstriche zu meiden.

Als der Jäger Wastl Blasinger an diesem Tag durch das ihm anvertraute Revier pirschte, fielen ihm im dicken Schnee Fußstapfen auf, die ihm zu denken gaben. Einmal war es die Art der Abdrücke, die ihm, der so ziemlich sämtliche Schuhsohlen des Tales kannte, fremd erschien; zum anderen war ihm die Richtung, die die Spur eingeschlagen hatte, etwas unheimlich. Sie strebte genau dem großen Kar zu. Dieses war in Jägerkreisen bekannt dafür, daß hier gern ein Rudel Gemsen herüberwechselte, weshalb es in den wärmeren Jahreszeiten vom Jagdpächter und seinen Gästen gern aufgesucht wurde. Im Winter freilich war's hier gefährlich. Das Gelände war extrem steil, die Rinne schmal. Unterhalb des Gipfels war ein Hang, an dem sich schon in gewöhnlichen Wintern gern die Lahnen lösten. Wie dann erst in diesen Tagen, wo man die Lawinengefahr förmlich riechen konnte.

Beim Anblick der Spur sagte sich der Jäger, daß es sich um einen Fremden handeln müsse. Aber mein Gott, was suchte ein Fremder in diesem abgelegenen, wilden Kar? Zum Skifahren war es wegen seiner Steilheit und des Umstandes wegen, daß am unteren Ende statt eines gewissen Auslaufes eine Schlucht lag, völlig ungeeignet. Holzsammler verirrten sich erst recht nicht in dieses unwegsame Gebiet, also konnte es nur der Reichtum an Wild sein, der den Mann hierher gelockt hatte. Ein Ortskundiger aber würde in diesen Tagen niemals in dieses Kar einsteigen.

Vorsichtig und jedes Geräusch vermeidend stapfte Blasinger durch den Schnee. Die Büchse hielt er für alle Fälle schußbereit in der Rechten, links führte er seinen treuen Hund, der alle Mühe hatte, seinem Herrn durch den Tiefschnee zu folgen. Plötzlich hielt er inne, spitzte die Ohren und zog an der Leine. Blasinger kannte das Tier gut genug, um zu wissen, daß es nicht

Lith. Anst. v. C. A. Czichna. i. Inssbruck

Paßeirer.

unbegründet unruhig wurde. Er schob sich um eine Felsnase, die ihm den Ausblick auf das Kar versperrt hatte, und da sah er den Mann, der in gebückter Haltung, ein Gewehr im Anschlag, am Rande der Rinne kauerte. Ein Stück schräg unter ihm, aber außerhalb des Lawinengefahrenbereiches, standen vier Gemsen.

„Werfen Sie die Waffe weg, Sie sind gestellt!" schrie der Jäger. In diesem Augenblick löste sich der Schuß des Wilderers. Das Echo hatte ihn noch nicht zurückgeworfen, da brach oberhalb des Kars ein riesiges Schneebrett los. Es donnerte und bebte, als die mächtigen Schneemengen sich durch die schmale Rinne wälzten. Der Jäger konnte gerade noch erkennen, wie der Wilderer die Arme hochwarf, dann hatten die Massen ihn erreicht. Sie wischten ihn von der Bildfläche, als sei er nie gewesen.

Ein paar Minuten lang überlegte Blasinger, ob es einen Sinn habe, nach dem Verschütteten zu suchen. Aber das Wissen, daß die Schlucht ihn aufgenommen hatte, hielt ihn davon ab. Zudem zeigte ihm ein Blick nach oben, daß jeden Moment neue Schneemengen nachfolgen konnten. So beschloß er, den Heimweg anzutreten und die Seele des Verschütteten, so groß auch sein Haß auf alle Wilderer war, einem barmherzigen Herrgott anzuempfehlen.

Blasinger war das oberste Stück des Seitenhanges der Rinne hinuntergestiegen, als er zu seinem größten Erstaunen auf eine weitere Spur stieß. Sie führte direkt in den Lawinenstrich hinein. So stand nun also fest, daß der Wilderer einen Kumpanen gehabt hatte.

Nach mühevollem Abstieg erreichte der Jäger am späten Nachmittag, als es schon dämmerte, das der Schlucht am nächsten gelegene Dorf. Er beschloß, sich danach zu erkundigen, ob einer der Talbewohner abgängig sei.

Aber so sehr er auch forschte, es wurde niemand vermißt. Wohl hatte man in den umliegenden Dörfern den Abgang der Lawine gehört und war mit ihm der Meinung, daß den beiden Wilderern ohnehin nicht mehr zu helfen gewesen wäre.

Ein strenger, harter Winter war in's Land gezogen, gefolgt von einem Vorfrühling, der den Föhn ins Gebirge warf. Rascher als erwartet schmolzen die riesigen Schneemengen dahin.

An einem so ungesunden Föhntag saß der Blasinger mit einem Kollegen, dem Jäger Putz, im Gasthaus beim Wein. Sie waren beide schon etwas gut auf, als das Gespräch auf die beiden verschütteten Wilderer kam.

„Jetzt wär's grad richtig an der Zeit, unten in der Klamm nachz'schaun, was aus den beiden worden is", meinte der Putz. Der Blasinger nickte „Woll woll", und so beschloß man, am folgenden Tag in die Schlucht einzusteigen.

Es gab einen schmalen Pfad dorthin, wo sich der Kegel der Lawine am oberen Ende der Klamm ausbreitete. Diesen Pfad benützten sie. Es war ein mühsames Vorwärtskommen für die beiden Männer mit ihren Hunden. Noch schwieriger wurde es im Bereich der Lawine, die zum Teil schon weggeschmolzen, im Staubereich aber noch vorhanden war. Zersplittertes Holz, ausgerissene Bäume samt den Wurzeln, von der Gewalt des Aufpralles in viele Teile zerborsten — das war es, was sie hier erwartete. Mühsam nur kämpften sich die beiden voran. Beinahe wollten sie schon umkehren, da ihnen das Gelände zu weitläufig und die Suche zu mühsam erschien, als plötzlich der Hund des Putz anschlug. Mit Gewalt zog er den Hang hinauf. Und da sahen sie es. Ein Bein ragte aus dem Schnee, ein menschliches Bein. Die Kleider waren zerfetzt, das Fleisch bis auf die Knochen abgenagt. Die beiden Jäger waren überzeugt, den einen der Wilderer gefunden zu haben, eine Überzeugung, die sich bestätige, als sie nicht weit davon ein zertrümmertes Gewehr ausgeapert liegen sahen. Jetzt nahmen sie die Pickel zur Hand, die sie mitgebracht hatten, und gruben und scharrten, bis der Körper des Mannes zur Gänze freigelegt war. Er war durch die Kälte zum Teil noch gut erhalten.

Nach einer halben Stunde war das Werk getan. Nun war es den Jägern klar, daß es kein Mann aus der Gegend war.

Der Eifer hatte die beiden gepackt und so wollten sie auch den zweiten Wilderer finden. Wieder durchstreiften sie den Lawinenkegel, und wieder waren es die Hunde, die sie auf die rechte Fährte brachten. Auch den zweiten Mann gruben sie aus.

„So, das wär g'schafft!" seufzte der Blasinger auf. „Aber jetzt kimmt's erst. Was tuan wir mit die zwoa? Du glaubst decht nit im Ernst, Putz, daß jeder von uns an Mann über den Steig derschleppt? Zu was auch? Kennt ihn ja eh koaner drunt im Tal. Und nachwoanen tuat ihm jetzt nach so langer Zeit a koaner mehr. Was is, Putz, laß mer sie liagen, oder was?"

„Naa, Blasinger, dafür hamma nit g'schuftet, daß wir sie iatzt liagenlassen. Da hätt mer's ja glei bleiben lassen können!"

„Ja nacha, was schlagst du vor?" fragte der Blasinger.

„Ja, i tat halt moanen, daß mer amal des Wichtigste, die Köpf, mitnehmen. Die werden mer in's Tal bringen, und ins Boanhaus tragen, sell wär woll g'nua", meinte der Putz. „Besser lei die Köpf', als gar nix, moansch nit a?"

„Freili moan i des", sagte der andere und zückte bereits das Messer.

Schließlich steckte sich jeder einen Kopf in den Rucksack. Plötzlich wurde der Putz ganz weiß um die Nase. Erst jetzt, da alles ausgestanden war, befiel ihn eine grenzenlose Übelkeit. So harte Burschen sie auch waren, so oft sie dem Tod selber von der Schaufel gesprungen waren, — diesmal war's doch etwas anderes.

„I brauch an Schnaps", würgte der Putz hervor. Aber weder er noch der

Blasinger hatten daran gedacht, etwas Alkoholisches mitzunehmen.

„'s hilft gar nix, die zwoa Stunden Abstieg bis ins Dorf unten muaßt halt durchhalten", sagte der Blasinger und klopfte dem Kollegen begütigend auf die Schulter. Aber, um es ehrlich zu sagen, auch dem Blasinger wurde leicht übel bei dem Gedanken, daß nun ein menschlicher Kopf in seinem Rucksack hin und her kugeln sollte. Aber wollten sie nicht auf ihre „Trophäen" verzichten, mußten sie wohl oder übel mitsamt den Köpfen den Abstieg antreten. Der Putz schaffte ihn nur mit Anstrengung und dadurch, daß er sich selbst einredete, wenn er erst ein paar Stamperln gekippt hätte, würde es ihm sofort besser gehen.

Es war schon dämmrig, als sie endlich das erste Gasthaus am Talende erreichten.

„Jetzt reiß di zamm!" rief der Blasinger aufmunternd und drängte Putz zur Tür hinein.

„Ja mei, wia schaugt's denn es aus?" rief erschrocken die Wirtin beim Anblick der bleichen Gesichter aus. „Is enk leicht schlecht?"

„Schlecht, Sepha, schlecht is gar koa Ausdruck! G'schwind her mit an Schnaps, aber scho in größere Mengen!"

Die Wirtin beeilte sich und stellte der Einfachheit halber eine volle Flasche Enzian auf den Tisch. Die beiden schenkten sich ein und kippten gierig ihre Stamperlen. Langsam kam wieder Farbe in die fahlen Gesichter. Die Wirtin sah es mit Freuden.

In dieser gottverlassenen Gegend war es ein Trost, einmal auf etwas zu stoßen, was etwas fern des Alltags lag. Und sie, die Wirtin, wollte unbedingt in Erfahrung bringen, was um Himmels willen die beiden Jäger, diese hartgesottenen Burschen, so mitgenommen haben könnte.

Nach einer Weile begannen die Männer, einander zuzuprosten. „Auf den Deinigen!" rief der Blasinger, nun wieder gut gelaunt aus. „Auf den Deinigen!" antwortete der Putz und haute auf den Rucksack des Kollegen.

„Was habt's denn da drinnen?" fragte neugierig die Wirtin.

„Trophäen", gab der Putz zur Antwort. „Aber ganz b'sundere."

„Zeig her, was is es denn? A Gams epper? Vielleicht gar a weißer Gamsbock?"

„Naa, sell is es nit. Aber wenn'st starke Nerven hast, derfst einischaug'n."

Die Wirtin löste schon die Schnüre des Rucksacks. Zog ihn oben auseinander, schrie einmal schrill auf und sank ohnmächtig zu Boden.

Die Trophäenschau

In vielen Gegenden Tirols gehörte es früher beinahe zum guten Ton, in jungen Jahren auf verbotene Pirschgänge zu gehen. Es gehörte so dazu, wie gewisse andere Dinge, wie das Biertrinken oder das Den-Weibern-nachstellen. Das waren die ureigensten Gebiete, in denen man seine Männlichkeit unter Beweis stellen konnte. Was ein rechtes Mannsbild, ein rechter Bursch war, der wurde dann so richtig munter, wenn's die Älteren ins Bett zog. Dann schlich er aus dem Haus, holte von verborgener Stelle, etwa unter den Bodenbrettern der Tenne den abgesägten Stutzen heraus und schwang ihn sich über die Schulter. Und damit ja das Mädchen, das angebetete, nicht im Unklaren war über das Draufgängertum des Hias oder des Sepp, tappste er ganz leise zum Kammerfenster der schönen Maid, um sich noch von ihr zu verabschieden.

„Naa, Hias, muaß denn des sein? I hab' an solchen Kummer um di!" schluchzte das Dirndl. „Daß di des grad traust, so mitten bei der Nacht! Und wenn di der Jager derwischt? Oder gar der Gendarm?"

Dann warf sich der Hias in die Brust. Mit wild entschlossenem, finsterem Blick riß er noch einmal das Madl an sich, dann stieß er es mannhaft beiseite, gab dem Hut einen verwegenen Schupfer, und auf ging's!

Voller Bewunderung schaute die ihm treu Ergebene nach, ihm, dem Helden, dem bärenstarken. Diese Bewunderung steigerte sich ins Maßlose, wenn gegen Morgen der Bursche zurückkehrte, kohlschwarz im Gesicht, aber mit einem triumphierenden Lächeln in den rußigen Mundwinkeln. Eine Gams hatte er geschossen, ein Reh oder gar einen Hirsch — mit Geringerem gab er sich nicht zufrieden.

Das Madl hing an seinem Halse, und somit spielte sich genau das in Wirklichkeit ab, was drinnen in der Stube in gemaltem Zustand die Wand zierte. Von leuchtendem Goldrahmen umgeben sah man's in bunten Farben: der Bursch mit dem geschwärzten Gesicht, die Gams im Sack, kehrt heim zu seinem Madl. Dem steht vor Bewunderung der Mund offen. Weit breitet's die Arme aus, die drallen, auf daß sich der Bursche hineinstürze. Er aber steht wie ein Fels, unberührbar. Sein Blick geht weit hinaus ins Tal, fängt sich in den Schrofen der wildzerklüfteten Gipfel, in denen er jeden Weg und jeden Steg kennt, er, der König der Berge.

Seit jeher hat's die Weiber fasziniert: der bärenstarke Bursch mit dem verwegenen Schnurrbart, der links und rechts des zusammengekniffenen

Mundes in die Gegend ragt; der männliche Geruch, der ihn wie eine Aura umgibt; die Gefahr, in die er sich selbst bringt und die ihm zu jeder Minute den Tod bringen kann, und die Art, wie er — des Madls Ängsten hohnlachend — mit dieser Gefahr fast spielerisch fertig wird. Seit jeher sind Frauen — und beileibe nicht nur blutjunge, — diesem Zauber erlegen.

Auch der Lois war einer von jenen, die mit Fug und Recht behaupteten, sie könnten eine jede haben.

Der Lois also war ein Mannsbild zum Anbeißen, groß und überaus kräftig gebaut. Mit Leichtigkeit erkletterte er die schwierigsten Wände, mochten sie noch so steil und unwegsam sein. Mit Leichtigkeit jagte er Stunde um Stunde einer Gams hinterher, die es zu dieser Zeit im Tiroler Unterland, wo sich die Begebenheit abgespielt hat, noch in größeren Mengen gab als heute. Mit Leichtigkeit trug er die Beute ins Tal und brachte sie in Sicherheit, wenn keine Gefahr von seiten des Jagdaufsehers oder des Gendarmen mehr drohte.

Eines Tages wurde dem Lois von einem ihm befreundeten Wilderer eine Almhütte zum Kauf angeboten, und der Lois drehte nicht erst lange einen Schilling nach dem anderen um, sondern knallte die Summe auf einmal auf den Tisch. Von da an begann für den Lois ein herrliches Leben. Er konnte gamseln und haselen geh'n, sooft er nur wollte. Und zurückgekehrt in die Hütte, wurde er dort schon sehnsüchtig von der jeweiligen „großen Liebe" erwartet, der er sofort und in immer neuen Varianten bewies, daß er, der Lois, durch einen achtstündigen Pirschgang noch lange nicht müde geworden war. Wie gesagt: es war ein herrliches Leben. Bis er es eines Tages zu bunt trieb, und vom Aufsichtsjäger überrascht wurde, als er gerade eine Gams aufbrach.

„Hab' i di endlich erwischt, du Galgenstrick!" rief der Jäger. „Scho lang hab' i di im Verdacht, daß du dei Almhütt'n nit lei dazu hasch um Bergtouren z'machen, wie'd am Wirtshaustisch verzählt hasch. Jetzt geasch mit mir dorthin und lasch mi einischaug'n!"

„Einischaug'n laß i di glei, Jager, lei wirsch du der Blöde sein, weil'd nia nix finden wirsch. Nacha bisch der Blamierte!"

„Des laß i drauf ankemmen. Aber nachschaug'n muaß i, sell isch g'wieß!"

Der Lois schulterte die erlegte Gams, die der Jäger noch an Ort und Stelle beschlagnahmt hatte. Gemeinsam stiegen sie die steilen Berghänge hinunter, der Hütte zu. Der Wilderer machte nicht den geringsten Versuch, zu fliehen. Es war sicher, daß der Jäger in der Alm nichts finden würde.

Nach drei Stunden mühsamer Kletterei erreichten sie die Hütte. Der Wilddieb legte die Gams auf ein Graspolster, sperrte die niedere Tür auf und bat den Jäger höflich, einzutreten.

Die Stube war behaglich eingerichtet, das mußte man dem Lois lassen. Sie besaß sogar eine Art Täfelung, wenn auch nur an einer Schmalseite.

„Magsch an Schnaps?" fragte der Lois.

„Naa, nit, wenn i im Dienst bin. Darf i mi a bißl umschaug'n?"

„Ja freili darfsch des. Deretwegen bisch ja mitkemmen. Aber finden wirsch nix, des sag' i dir glei!"

Der Jäger machte sich sogleich auf die Suche. Auf dem Kasten, im Kasten, unter dem Kasten war nichts. Auch die Truhe gab nichts Verdächtiges preis. Unter der umlaufenden Holzbank war gleichfalls nichts zu entdecken. Blieb noch die Täfelung. Der Jäger warf einen raschen Blick auf das Gesicht des Wilderers, als er auf die Täfelung zuging. Ein kleines, fast unmerkliches Zucken war über dieses Gesicht gegangen. Etwas, wie eine leise Verlegenheit. Nun war der Jäger felsenfest davon überzeugt, daß sich hinter der Täfelung etwas finden mußte. Er begann, Feld für Feld abzuklopfen. Und tatsächlich, hinter einem der Felder klang es hohl.

Der Jäger holte die Brille aus der Brusttasche und untersuchte die Ritze, die um das Feld lief. Sie kam ihm verdächtig vor. Mit der Klinge seines Taschenmessers fuhr er vorsichtig hinein. Ein merkwürdiges Geräusch machte ihn stutzig. Er steckte die Klinge in den kaum wahrzunehmenden Spalt, und siehe da: eine Feder gab nach, und mit nicht allzu großer Mühe konnte der Jäger das gesamte Feld aus der übrigen Täfelung herauslösen. Er stellte die Holzplatte auf den Boden und schaute den Lois von unten an. Schweißtropfen standen auf des Wilderers Stirn.

„Aha", sagte der Jäger nur und beugte sich in die Öffnung, die er freigelegt hatte. Mit der Hand griff er hinein und zog ein Rehkrickel heraus, und gleich darauf ein zweites.

„Hab' i di endlich derwischt. Reh abschiaßn, und die Krickel hinter'm Tafer verstecken! Wart lei, i bring' di no vor G'richt!" Der Jäger konnte sich kaum fassen vor Zorn.

„Jetzt tua decht nit aso schiach wegen der zwoa Krickeln! Mehr wirsch eh nit finden!"

„Des laß lei mei Sach' sein", knurrte der Jäger. Er war seiner Sache sicher, daß er noch weitere Beweisstücke finden würde. Wegen zwei Rehkrickeln traten keine Schweißtropfen auf eines Wilderers Stirn. Er fuhr mit der Hand weiter durch den schwarzen Schlund, der tatsächlich leer zu sein schien. Auf einmal stießen seine Finger an eine Holzplatte, die offenbar die Rückwand der Öffnung bildete. Merkwürdigerweise ließ sich diese Platte verschieben. Der Jäger faßte mit beiden Händen hinein und holte die Platte heraus. Was er sah, verschlug ihm den Atem: da hingen, fein zu kleinen Bündeln zusammengefaßt, Menschenhaare, und zwar solche, wie sie einzig und allein an einer bestimmten Körperstelle wachsen. Rote, blonde, braune und schwarze

gelockte Büschel gab es da, und unter jedem Büschel stand ein kleines Schild. „Mariedl, 3. Juli 1954", „Zenzi, 15. August 1954" und so weiter.

Der Jäger hielt die Platte an's Fenster, um nur ja genau sehen zu können. Der Lois trat neben ihn und wollte gerade zu einer Erklärung ansetzen, als der Jäger in ein brüllendes Gelächter ausbrach. Er schlug dem Lois auf die Schulter und rief aus, während das Lachen ihn beutelte: „Des is amal a Trophäenschau, wia i sie no nia g'sehn hab! Gratuliere!"

Der Wiesenjaggl aus dem Kaunertal

Eine der ältesten berühmt-berüchtigten Gestalten aus der Wildererszene in Tirol ist der Wiesenjaggl aus dem Kaunertal, der zu Beginn des 16. Jahrhunderts, also zur Zeit Kaiser Maximilians, gelebt und die Gemüter in Aufruhr versetzt hat. Sein Ruf im Oberen Gericht ist heute noch lebendig. Als das neue Gletscherskigebiet im Kaunertal eröffnet wurde, stellten die Skifahrer fest, daß einer der Lifte den Namen des berüchtigten Wilderers trägt. Wozu freilich zu sagen wäre, daß kaum einer, der den Lift benützt, über den Namen „Wiesenjaggl" länger nachdenkt und schon gar nicht eine dem Sport dienende Aufstiegshilfe mit einem Wilderer des 16. Jahrhunderts in Verbindung bringt.

Man sah und sieht im Kaunertal in der berühmten Gestalt etwas anderes, als man es erwarten sollte, zumindest in einem „aufgeklärten" Zeitalter. Der Grund, weshalb der Wiesenjaggl eine über Jahrhunderte reichende gute Nachrede erhielt, ist darin zu sehen, daß man in ihm keineswegs den Rechtsbrecher erblickte, sondern den „Freiheitshelden in Miniformat", der sich nicht so ohne weiteres behördlichen Vorschriften unterwirft, sondern im Gegenteil auf die von altersher ererbten Rechte der freien Bauern in Tirol pocht. Er war mutig genug, gegen einen so hohen Herrscher wie den Kaiser selbst aufzustehen, und diesem sozusagen unter den Händen das Steinwild von den Graten und Schrofen des Kaunertales wegzuschießen. Und das Schießen war es auch, was beim Kaiser höchstpersönlich auf besonderes Mißfallen stieß. Zu jener Zeit war nämlich der Besitz einer „selbstfeuerschlagenden" Waffe durchaus eine Seltenheit, umso mehr bei einem Mann aus einem der hintersten Täler Tirols. Die große Norm waren Armbrüste, die dem Volk auch gestattet waren, vor allem jedoch zum Scheibenschießen. Diese Feste — ein Teil von ihnen lief unter dem merkwürdigen Namen „Versöhnungsfeste" — waren in Tirol sehr beliebt. Der Kaiser, in Jagdangelegenheiten ein Gewaltmensch, sah es gern, wenn die Tiroler sich beim Schießen auf die Scheibe vergnügten, verging ihnen doch dabei — so nahm er an — die Lust nach dem Erlegen des Wildes, das der Kaiser sich selbst und seinen Jagdgästen vorbehielt. Das Kaunertal liebte der Herrscher sehr, denn es gab dort Unmengen von Gemsen, und vor allem Steinwild, das schon damals im übrigen Tirol Seltenheitswert hatte.

Der Wiesenjaggl hat in den Wildbeständen des Kaisers so arg gehaust, daß die Kunde davon bis nach Innsbruck gedrungen war. Maximilian reagierte so, wie er es seiner Mentalität und seinem Ansehen nach tun mußte: er legte den Wiesenjaggl in Acht und Bann, rief ihn für „vogelfrei" aus, was soviel hieß, daß jeder, der den Wilderer traf, ihn töten durfte. Aber der Jaggl hatte gute Freunde, die ihm die Kunde zutrugen und sich mit ihm solidarisch erklärten. So war es möglich, daß der Wilderer noch viele Jahre sein Unwesen treiben konnte.

Von dem, was uns bis heute vom Wiesenjaggl überliefert wurde, muß einiges dem Reich der Sage zugeschrieben werden, zumindest sind die Grenzen zwischen Wahrheit und Märchen durch die Jahrhunderte etwas verwischt worden. Wahrheit ist, daß es in den Höfen oberhalb von Kaltenbrunn, einem Wallfahrtsort am Eingang des Kaunertales, genannt „In der Wiesen", einen Mann namens Jaggl gegeben hat, der sich sogut wie zur Gänze aus dem Erlös seiner Wilderertaten ernährt hat. Meistens war er vom Frühjahr bis zum späten Herbst nicht daheim und trieb sein Unwesen bis hinein ins Pitz- und Ötztal. Er muß ein unglaublich treffsicherer Schütze gewesen sein, denn — und jetzt betreten wir den Boden der Sage — man sagte von ihm, er habe sich mit dem Teufel verbündet, der seine Kugeln lenkte. Man erzählt sich heute noch davon, daß der Totengräber in Prutz selbst Zeuge war, als in jener Vollmondnacht um 12 Uhr der Jaggl, auf den Teufel wartend, am Prutzer Friedhof bei den Kreuzwegkapellen stand. Er hatte zwei Wochen lang keine Kirche besuchen, kein Vaterunser beten und kein Weihwasser benützen dürfen; er hat darüber hinaus die gleiche Zeit sich nicht waschen, und keine Kleider, ja nicht einmal die Strümpfe wechseln dürfen. Das war von Anbeginn die Bedingung Belzebubs für sein Erscheinen gewesen. Und richtig, mit dem letzten Glockenschlag der Mitternachtsstunde stand vor dem Jaggl der Teufel. Dieser sagte, Jaggl dürfe kein Wort sprechen, denn sonst wäre seine Seele ihm, dem Bösen, verfallen ohne jede Gegengabe. Der Jaggl willigte ein und versicherte, er werde schon standhaft bleiben. Belzebub aber versuchte alles, um ihn zum Reden zu bringen. Er ließ die lange Schar der verstorbenen Anverwandten Jaggls vor diesem aufmarschieren und ihn ansprechen. Aber der Wilderer blieb stumm. Schließlich zog der Teufel einen Kreis um ihn und versuchte, ihn aus diesem herauszuzerren, denn auch bei Überschreiten der Linie würde die Seele des Mannes der Hölle anheimfallen. Aber was auch geschah, der Jaggl widerstand. So lange, bis der Teufel den Pakt mit ihm schließen mußte. Zwanzig Jahre lang würde er des Wilderers Kugeln führen, daß sie trafen; aber dann war seine Seele verfallen. Der Wiesenjaggl willigte ein — der Totengräber hat es genau gesehen. Von da an sagte man von dem Kaltenbrunner, er könne seine Kugeln so treffsicher abfeuern, wie man mit dem Finger zur eigenen Nasenspitze fährt. Außerdem habe der Teufel ihn „gefroren“ gemacht, was hieß, daß „keine Kugel durch seine Haut fährt“, und zur Abrundung des Ganzen habe er die Gabe, sich unsichtbar machen zu können.

Das war also der Ruf, in dem der Jaggl im Laufe seines Lebens gestanden haben soll. Dazu kommt eine Mär, die erst später dazugedichtet worden ist. Der Wiesenjaggl war aufgefordert worden, zum Zeichen dafür, daß er auf die christliche Religion pfeife, auf ein Kruzifix zu schießen. In dem Augenblick, als er anlegte, und den Schuß abgab, ging sein Hof in Flammen auf.

Dem Wiesenjaggl ging sein Leben lang der Ruf nach, mit dem Teufel im Bunde zu sein. Aus dieser Tatsache heraus ist es zu begreifen, daß Kaiser Maximilian einem Besuch auf der Burg Bärneck am Eingang ins Kaunertal nur für den Fall zustimmte, daß dieser üble Bursche hinter Schloß und Riegel sei. Der Pfleger auf Bärneck, Meister Rueland, ließ nichts unversucht, den Jaggl zu schnappen und ließ an der Schloßtüre eine Aufforderung anbringen, den Wilderer zu fangen und gegen Kopfgeld tot oder lebendig auf Bärneck abzuliefern. Am nächsten Tag lachte das ganze Tal über den Schwank, den sich daraufhin der Gesuchte geleistet hatte: an der Schloßtüre hing ein prächtiger Steinbock, mit den Läufen zusammengebunden. Auf die Hörner gespießt war der Bannbrief für den Jaggl und ein Schild, auf dem jeder lesen konnte „Gruß vom Jaggl“.

Man sah es also wieder, der Jaggl ließ sich nicht unterjochen. So bot man ihm an, ihn aus dem Bann zu befreien, wenn er die Feuerwaffe abliefere und in der Gnadenkapelle zu Kaltenbrunn den feierlichen Eid ablege, niemals wieder ein Gewehr zur Hand zu nehmen.

An dieser Stelle setzte in der Sage eine Liebesgeschichte ein, wie das ja meistens der Fall ist. Zwei Mädchen des Tales sind von dem Mann und seinen Ruhmestaten besonders fasziniert. Elsa, die tugendsame Tochter des Försters Bartl, und Selda, die schöne, aber leichtfertige Tochter des reichsten Bauern im Tale. Jaggl fühlt sich mehr zu Elsa hingezogen, aber Selda ist diejenige, die um ihn kämpft. Er verschmäht sie und in ihrem Kummer gibt sie sich dem jungen Forstknecht Jörg hin. Als der sittenstrenge Vater vom Treiben seiner Tochter erfährt, verstößt er sie. Selda muß aus dem Tal fliehen; in ihrer Not — so gibt sie vor — wendet sie sich an den Jaggl, der im ganzen Tal jeden Weg und jeden Steg kennt. Er soll sie über den Ferner geleiten. An einer Gletscherspalte angekommen, gibt Selda dem vor ihr gehenden Jaggl einen Stoß, so daß er in die Spalte stürzt. Auf halber Höhe eingeklemmt, bittet er das Mädchen vergebens aus ihrer Schürze ein Seil zu winden und ihn zu retten; Selda fühlte sich gerächt. Voll Freude ergreift sie sein Gewehr, das sie als Unterpfand ihrem Liebhaber Jörg bringt. Dieser aber ist ein Gauner — er will unbedingt das Banngeld einstreichen, das auf das Leben des Jaggl gelegt worden ist. Er trägt die Büchse zum Pfleger nach Bärneck und glaubt sich seines Lohnes schon sicher. Einstweilen aber ist es dem Jaggl mit Hilfe des Teufels gelungen, die Gletscherspalte zu verlassen; er schafft es auch, wieder in den Besitz der Büchse zu kommen. Und nicht nur das: weil die Sage es so will, erkennt Jaggl seine Liebe zu Elsa und so steht einem glücklichen Lebensabend nichts im Wege. Wie weit freilich die tugendsame Elsa ihrem Liebsten in den ersten Ehejahren die Missetat des Wilderns hat austreiben können, darüber schweigt sich die Sage aus.

Tatsache aber ist, daß das Volk nach dem Tod Maximilians 1519 noch stürmischer seine Freiheiten begehrte, namentlich im Gericht Laudegg mit seinen uralten Rechten. In der Raisgejaids-Deklaration vom Jahr 1523 mußte Kaiser Ferdinand der freiheitsstolzen Bevölkerung des Oberen Gerichtes ihr Jagdrecht wieder zurückstellen. Der Wiesenjaggl hatte seine Freiheit. Als er starb, setzte man ihm am Friedhof von Kauns einen Grabstein, der noch bis nach dem Zweiten Weltkrieg zu sehen war, jetzt leider verschwunden ist. Der Grabspruch lautete:

Hier liegt ein Jäger unverdrossen,
hat 1300 Gams geschossen,
dazu noch viel Hasen, Reh und Füchse,
hat die Herren geärgert
mit seiner Büchse.

Ein übler Bursch wird dingfest gemacht

Wie es technisch möglich ist, einen „gewöhnlichen" Diebstahl mit Wilddiebstahl in Einklang zu bringen, zeigt uns ein Gendarmeriebericht aus dem Jahre 1900.

Am 16. Juni dieses Jahres kam es vor dem k.u.k. Landesgericht in Innsbruck unter Vorsitz von Landesgerichtsrat Dr. Hirn und Staatsanwalt Dr. Tschurtschenthaler, der die Anklage vertrat, zur Verhandlung gegen den dreiundvierzigjährigen, mehrfach wegen Wilddiebstahles vorbestraften Taglöhner aus Schwendt bei Kössen, Joseph Anker.

Bevor wir die uns besonders interessierende Straftat, begangen am 11. Februar 1900, beleuchten, wollen wir den Täter etwas unter die Lupe nehmen.

Joseph Anker war, was man so nennt, ein zwielichtiger Bursche, der weder vor Wild-, noch vor anderem Diebstahl zurückscheute. So brach er, zusammen mit einem Kumpan — wahrscheinlich war es Wolfgang Fuchs, Bauernsohn aus Kirchdorf — im Jänner oder Anfang Februar 1900 in der „Eggenalpe" des Anton Pletzer von Waidring ein. Dieses Unterkunftshaus stand in dem Ruf, ein größeres Lager an Proviant zu bergen, was offenbar für die beiden Gauner eine starke Verlockung darstellte. Sie stiegen durch ein Fenster ein, öffneten gewaltsam mit einem Pickel alle Kästen und rissen sieben Türen auf, worauf sie, offenbar von diesem Tun ermattet, sich's in den Betten bequem machten.

Anderntags unternahmen sie von diesem Stützpunkt aus ihre Jagdzüge in die nähere und weitere Umgebung, die auch von Erfolg gekrönt waren. Als die beiden ihre Unterkunft verließen, nahmen sie Folgendes mit, was im Protokoll genau verzeichnet ist: 1 Werndlgewehr mit 70 Patronen, 1 Bergstock, 1 Faßl mit 10 Liter Enzianschnaps, 58 Liter Wein, 2 Flaschen Cognac, 5—6 Liter Branntwein, 2 Liter Spiritus, 55 Fleischkonserven, Erbswürste, 2 Kilo Tee, Zucker, 3 Töpfe mit eingekochten Preiselbeeren, Tabak, 300 Stück Zigarren. Die Beute belief sich auf insgesamt 340 Kilo Gewicht.

Schon am 14. Februar bemerkte der Besitzer den Einbruch und brachte ihn bei der Gendarmerie zur Anzeige. Anker leugnete den Diebstahl bis zuletzt, auch dann noch, als der Bestohlene sein Werndlgewehr wiedererkannte und an dem entwendeten Bergstock seinen eingebrannten Namenszug nachweisen konnte. Allein die Tatsache, daß Anker zum Zeitpunkt seiner Gefangennahme einen Großteil der Beute bei sich hatte, genügte dem Gericht. Ein weiterer Punkt der Anklage bezog sich auf folgende Tatsache: am 9. Februar brachte er nach dreitägiger Abwesenheit von zu Hause ein Fäßchen Wein mit, das er übrigens nach zwei Tagen ausgetrunken hat. Die Herkunft des Behälters konnte er nicht erklären.

Der Einbruchdiebstahl bildete aber nur einen Punkt der Anklage. Der zweite war weit gravierender und brachte Anker schließlich hinter Gitter.

Am 11. Februar entdeckte Hans Unterrainer, beeideter Jäger des Baron Kometer, eines Münchners, der die Jagd im Moratal gepachtet hatte, auf einem Reviergang eine verdächtige Schlittenspur, der er zu folgen beschloß. Nach kurzer Zeit stieß Unterrainer auf zwei Männer, die er zu kennen glaubte und die er im Verdacht hatte, sich mit der Wilderei zu befassen. Sie waren gerade im Begriff, mit dem Schlitten abzufahren. Der Jäger rief die beiden an und befahl ihnen, die Waffen, die er bei ihnen vermutete, niederzulegen. Sie drehten sich zu ihm um, und Unterrainer sah, daß er recht hatte: der eine der Männer war der berüchtigte Wilderer Joseph Anker, der andere Wolfgang Fuchs aus Kirchdorf. Anstatt sich zu ergeben, richteten die beiden Wildschützen ihre Waffen auf den Jäger, der gleichfalls die Büchse schußbereit machte. Anker rief aus: „Du kannst nicht mit einem Schuß uns beide treffen! Die zweite Kugel gehört dir!“

Diese Drohung und die Erkenntnis, daß die Wilderer in der Übermacht waren, veranlaßten den Jäger, den Rückzug anzutreten. Vorher fragte er aber noch, was sie geschossen hätten. „Zwei Gamslen“, war die Antwort; einen Hirsch, den Unterrainer außerdem bei ihnen vermutete, verleugneten sie.

Der Jäger ging talauswärts und stieß bald auf eine Gendarmeriepatrouille, bestehend aus dem Postenführer Joseph Haas, Gendarm Anton Häsele, Gendarm Georg Wiesenböck und den Oberjäger Peter Prosser. Sie waren durch eine vertrauliche Mitteilung schon davon in Kenntnis gesetzt worden, daß die beiden Wilderer Anker und Fuchs mit dem Schlitten von einem erfolgreich verlaufenen Pirschgang zurückkämen. Die Aufgabe der Patrouille war es, die beiden im Moratal zu stellen.

Kaum hatte Unterrainer den Gendarmen von seinem Zusammentreffen mit Anker und Fuchs berichtet, waren diese mit dem Schlitten auch schon da. Der Postenkommandant rief sie an, forderte sie auf, stehen zu bleiben und die Gewehre niederzulegen. Die Beiden verschanzten sich hinter den Bäumen, von wo Wolfgang Fuchs den ersten Schuß auf die Gendarmen abgab. Diese und die begleitenden Jäger erwiderten das Feuer; im ganzen sind laut Protokoll 17 Schüsse abgegeben worden; zwei davon trafen besonders schwer. So konnte nachgewiesen werden, daß Wolfgang Fuchs den Postenführer Haas in die Brust traf, bevor er selbst zum Opfer wurde. Beide rangen mit dem Tode, während Anker einen Streifschuß an der linken Schläfe erhielt. Er gab an, von der schweren Verwundung seines Komplizen und des Postenführers nichts bemerkt zu haben und seinerseits nur zweimal in die Luft geschossen zu haben, um seine Gegner abzuschrecken. Er habe nur einmal einen Schrei vernommen. Als Anker, sich zurückziehend, in ein Schneeloch fiel und sich nicht mehr befreien konnte, war es einem Gendarm möglich, ihm ein Bajonett auf die Brust zu setzen und ihn zu überwältigen.

Auf dem Schlitten der Wildschützen wurde der schwerverletzte Postenführer Haas bis zum Weindlbauer gebracht, wo er am nächsten Tag um 19 Uhr verschied. Der Wildschütz Wolfgang Fuchs, der trotz schwerer Verwundung versucht hatte, nochmals die Waffe gegen den Gendarmen zu richten, verstarb gleichfalls nach drei Stunden am Hof des Weindlbauern.

Bei der Verhandlung war es ein Glück für Anker, daß die Kugel, die die Brust des Postenführers getroffen hatte, sich als ein Geschoß aus dem Werndlgewehr erwies, das, wie festgestellt werden konnte, nicht Anker, sondern Fuchs benützt hatte.

Zur Verhandlung geladen waren vier Zeugen, darunter der bestohlene Besitzer der Almhütte. Das Urteil lautete entsprechend dem vollen Umfang der Anklage auf „schuldig“. Das Strafausmaß betrug viereinhalb Jahre schweren Kerker, verschärft durch zwei Fasttage in jedem Monat.

Der Bock in der Totenkapelle

Erich Knapp (der Name wurde geändert), der 1983 das Zeitliche gesegnet hat, war zu seiner Zeit wohl einer der berüchtigtsten Wilderer im Tiroler Lechtal. Aufgewachsen war er in einem malerischen Bauernhof bei Holzgau, welcher dicht am Waldrand lag. Seine ganze kindliche Liebe galt den Tieren bis er zu seinem zwölften Geburtstag vom Großvater ein Kleinkalibergewehr bekam. Eine strenge Auflage war allerdings daran geknüpft worden: Erich durfte lediglich auf Eichkatzln schießen, und alles andere, vor allem auch die zahlreichen Singvögel, mußte er verschonen. Aber wie es schon so geht — in den ersten Wochen hielt sich der Bub an das Versprechen, aber nach und nach wurden die Beutestücke immer größer. Nach den „Oacherlen" kam ein Marder an die Reihe, eine Krähe mußte daran glauben, und von hier war der Schritt nur noch gering zum ersten Fuchs.

So pirschte er wieder einmal durch's Gelände hinter dem elterlichen Hof. Wie hergezaubert stand plötzlich eine Rehgeiß vor ihm. Erich legte an und die Geiß fiel, von einem Blattschuß getroffen, zu Boden. Im ersten Augenblick war der Bub mehr erschrocken als stolz. Rasch eilte er zur Beute und zog und zerrte sie unter Aufbietung aller Kräfte unter einen Laubhaufen. Dann lief er heim und schlich sich zum Großvater ins Ausgedingestüberl. Nur ja die Eltern nichts wissen lassen, war sein einziger Gedanke. Der Opa aber, das wußte er, würde ihm schon helfen.

Mit heißen Wangen trat er beim Großvater ein und berichtete in kurzen Worten, was vorgefallen war. Der Alte wußte nicht recht, sollte er mit dem Buben schimpfen, weil er sein Versprechen nicht gehalten hatte, oder sollte er auf den jugendlichen Schützen stolz sein, der die Geiß mit einem Blattschuß erlegt hatte. Der alte Mann, nicht ahnend, daß er damit die Startrampe freigab für eine Laufbahn als Wildschütz, entschied sich für den großväterlichen Stolz. Gemeinsam schlichen sie aus dem Haus und gruben die Beute aus dem Laubhaufen aus. Sachkundig, denn diese Tätigkeit war ihm durchaus vertraut, unterwies der Alte den Enkel im Ausnehmen eines Reh's. Mit leuchtenden Augen verfolgte der Zwölfjährige jeden Handgriff und beschloß, sich das alles genau zu merken.

Und wie er sich's gemerkt hat! Und wie oft er's ausgeübt hat, was der Großvater ihm da beigebracht hatte! In seinen späteren Jahren versuchte Knapp immer wieder einmal legal zu jagen, aber immer vergebens. Die sehr guten Jagden des Lechtales waren fast ausnahmslos zu enormen

Burgruine Kropfsberg am Eingang ins Zillertal. Um die Mitte des vorigen Jahrhunderts wohnte in ihren Mauern der bis in die bayerischen Reviere gefürchtete und selbst vielgejagte Wilderer Steger nach seiner Haftentlassung in ärmlichen Verhältnissen.

Preisen an wohlhabende Herren aus Deutschland oder der Schweiz verpachtet. Die kleinen Eigenjagden gaben nichts her und so waren die Burschen des Tales darauf angewiesen, ihre Jagdleidenschaft eben beim Wildern zu stillen.

Befragte man Knapp im Alter danach, so ging es ihm damals lediglich „um die Hetz". Für die anfallenden Trophäen hatte er so gut wie gar nichts übrig. Nach seinem Tode fand sich nicht ein einziges Gamskrickel in seinem Besitz. Für das Wildbret hatte er Verwendung, indem er es entweder selbst verbrauchte, oder aber verschenkte, wovon nicht selten der Pfarrer oder der Doktor seiner Heimatgemeinde profitierten. Verkauft hat er nie etwas.

Bald war er bei Jägern und Gendarmen gleichermaßen unbeliebt und gefürchtet, schoß er ihnen doch, wie so mancher andere auch, unter den Händen die schönsten Stücke weg. Zeitweise waren die Jäger mehr damit beschäftigt, Wilderer als Wild zu jagen.

Der alte Gendarm, dem die Gegend um Holzgau jahrelang unterstellt war, behalf sich auf seine Weise, nämlich auf dem Umweg über's Dorfwirtshaus, in dem er regelmäßig einkehrte und dort die Männer zu einer Runde einlud, um auf diese Art den jeweils neuesten Stand aller Talangelegenheiten zu erfahren. Darauffolgende Hausdurchsuchungen waren an der Tagesordnung.

Von einer dieser Hausdurchsuchungen sprach man noch lange. Knapp hatte wieder einmal reiche Beute heimgebracht. Nach und nach häufte sich ein ganzer Stoß Wilddecken in der Tenne auf. Dies erschien aber dem Burschen als zu gefährlich und er verlagerte das Corpus delicti hinter einen großen Schindelstoß, den er so schön aufschlichtete und herrichtete, daß man bei bestem Willen keinen Hohlraum dahinter vermuten konnte. So wähnte er die Sachen sicher.

Knapp war an diesem Tag nicht daheim. Als der Gendarm auf den Hof kam, traf er nur Erich Knapp's Mutter an. Zielstrebig ging er im Hausgang auf die große Bauerntruhe zu, auf der Knapp's Joppe lag. Diese erregte die Aufmerksamkeit des routinierten Gesetzeshüters. Er drehte und wendete sie eine Weile hin und her, bis er das entdeckt hatte, wonach er gesucht hatte: ein paar Gemshaare. Die aufgeregte Bäuerin versuchte natürlich, das Vorhandensein der verdächtigen Haare zu begründen, verstrickte sich aber bald in solche Widersprüche, daß dem Gendarmen klar war, daß hier ein Fall von Wilddiebstahl vorliegen müßte. Und da erfahrungsgemäß die Tenne immer noch der geeignetste Ort zur Aufbewahrung von widerrechtlich geschossenem Wild war, begehrte er dort Einlaß. Ängstlich ging die Bäuerin voraus. Während der Mann sich umsah, lehnte sie sich unversehens, und ohne die Folgen vorauszubedenken, an den schön geschlichteten Schinselstapel. Dieser gab unter dem Gewicht nach und fiel laut polternd um. Schon war der Gendarm zur Stelle, räumte ein paar Schindeln zur Seite und stand mit befriedigtem Grinsen vor dem Stoß Wilddecken.

Ein paar Wochen Gefängnis hatte Knapp abzusitzen, wofür er sich bei seiner Mutter bedanken konnte. Es war das einzigemal, daß er gefaßt wurde.

Den Zweiten Weltkrieg verbrachte Knapp durchwegs als Scharfschütze an der Front. Ihm, der sich schon seit seiner frühesten Jungend beim Wild sozusagen „eingeübt" hatte, gelangen verschiedene „Heldentaten", bei denen eine größere Anzahl von Feinden das Leben lassen mußte, und wofür er mit einigen Auszeichnungen, unter anderem der Nahkampfspange, bedacht wurde.

Scharfschützen wurde gestattet, die ihnen zugeteilte Waffe auch nach Abzug von der Front zu behalten. So war es ihm möglich, seinen 98 K nach einer Verwundung in die Heimat zu bringen. Mit dieser „Braut" begann nun für ihn nach Kriegsende ein neues Leben. Da die Munition knapp war, verführte er die Tochter eines Aufsichtsjägers, die ihn ein volles Jahr lang mit dem Nötigsten heimlich versorgte.

Die Verhältnisse im Tiroler Lechtal waren in den letzten Kriegstagen besonders verworren. Wegen starker Lawinenabgänge war das Tal zeitweise abgeriegelt, und einzelne Gefechte dauerten noch bis Mitte Mai 1945 an. Die eindringenden Besatzungssoldaten, sowohl Amerikaner, als auch später Franzosen, waren eifrige Jäger und schossen, zum Teil mit Maschinengewehren, wahllos auf alles Wild, oft auf übergroße Entfernungen und direkt vom Jeep aus — jedenfalls so, daß sie keine körperlichen Strapazen auf sich nehmen mußten, und trotzdem zu einem guten Braten kamen. Ungezählte Hirsche, Rehe und Gemsen mußten auf diese Weise ihr Leben lassen. Daraus ergaben sich für die heimischen Wilderer sowohl Nach- als auch Vorteile. Der Nachteil bestand in der starken Dezimierung der Wildbestände durch die fremden Soldaten, der Vorteil lag darin, daß sich eben jene Soldaten nur wenig um ihre Kontrahenten aus der heimischen Bevölkerung kümmerten. Wie gesagt, die Verhältnisse waren durchaus verworren, aber in den meisten Fällen doch so, daß die Wilderer ihren Vorteil daraus ziehen konnten.

Schon im Jahr 1946 war es Knapp möglich, bei einem heimlichen Pirschgang, den er zusammen mit einem Kumpanen zum Roßgumpen unternahm, einen Zehnender zu erlegen, der für die damalige Zeit eine echte Rarität darstellte. Noch kurz vor seinem Tod erinnerte sich Knapp daran, wie sie zu zweit die 125 kg Wildbret nach Holzgau geschleppt haben.

Ein anderes Erlebnis hatte sich dem verwegenen Wildschützen gleichfalls eingeprägt. Sie waren wieder zu zweit unterwegs im Gebiet des Muttekopfes

(Allgäuer Alpen) und waren ein paar Gemsen nachgestiegen. Der Abend drohte hereinzubrechen, als sie auf dem gegenüberliegenden Hang ein Prachtexemplar von Gams sahen. Die Entfernung mochte so gegen 150 bis 200 m betragen haben, also für einen erfahrenen Schützen mit gutem Gewehr und Zielfernrohr kein Problem. Knapp befahl dem Freund, sich zu bücken, stützte die Waffe auf dessen Rücken auf und gab den Schuß ab. Vage konnte er noch erkennen, daß die Beute fiel. Eiligst machten sie sich auf und stapften

bei beginnender Dunkelheit den Hang hinunter, durchquerten einen sumpfigen Graben und stiegen am gegenüberliegenden steilen Mähder wieder hinauf. Sie konnten fast nichts mehr erkennen, als sie unvermutet auf eine warme, feuchte Fährte stießen, der sie folgten. Ihre geübten Nasen witterten Wildgeruch. Wie aber staunten sie, als sie statt der vermuteten Gams eine Hirschkuh antrafen, die verendet auf einem Graspolster lag.

Ein Erlebnis, das ihn freilich weniger beglückte, hatte Knapp am Schafberg, draußen im Bayerischen. Dort besaßen die Holzgauer ausgedehnte Weiderechte. Bis zu 1200 Schafen wurden alljährlich aufgetrieben, wobei in den meisten Fällen das Schafauftreiben und das Hüten gleich mit dem Wildern verbunden wurde. Knapp hatte an diesem Tag besonderes Glück: er erlegte mit einem Schuß zwei hintereinander stehende Gemsen. Sie kollerten den steilen Abhang hinunter und als der Wildschütz ihnen vorsichtig nachkletterte, sah er unten schon das Malheur: die Gemsen waren offenbar genau zwei Jägern vor die Füße gefallen, die nun dabei waren, die unverhofft „vom Himmel gefallene“ Beute aufzubrechen.

Einen makabren Spaß hat sich Knapp im September 1948 geleistet, als er von Hägerau zur Wildmahd-Alm und zum Muttekopf aufgestiegen war und dort gute Beute in Form eines Rehbockes gemacht hatte. Als er ins Tal zurückkehrte, mußte er feststellen, daß die Gendarmerie Lunte gerochen und die Orte Steeg und Hägerau abgesperrt hatte. Keineswegs aber wollte er sich von dem Wildbret trennen, das er bei sich trug. Kurzerhand schlich er sich zu der am Ortsrand von Holzgau stehenden Kirche und stattete kurz der Totenkapelle einen Besuch ab. Wohl mag es ihn geschaudert haben, als er den Deckel des langen Holztroges hob, der voller menschlicher Gebeine war, auf die er kurzerhand den toten Bock legte. Unbemerkt verließ er den Gottesacker und kehrte am nächsten Abend, als wieder alles ruhig war, zurück. Ungestört konnte er nun das Wildbret in Sicherheit bringen.

So hat Knapp sich ein Stückl nach dem anderen geleistet, die er allesamt aufzeichnen wollte, nicht, um damit zu protzen, wie er sagte, sondern um so manchem Stammtischgespräch in Steeg, Bach, Häselgehr und wie die Orte alle heißen, die rechte Richtung zu weisen. Er ist nicht mehr dazugekommen. Der Tod hat ihm nicht nur die Flinte, sondern auch den Bleistift aus der Hand genommen.

Wildschütz und Herrgottschnitzer

Unter den Papieren, die der Tiroler Jägerverband sorgsam hütet, befindet sich auch eines, das sich „Memoiren eines Tiroler Wildschützen“ bezeichnet. Diese sehr ausführliche Schilderung zeigt in prägnanter Weise die inneren und äußeren Nöte eines Mannes, der schuldig geworden ist und sein Leben lang unter dieser Schuld zu tragen hatte. Wir kennen den vollen Namen dieses Mannes nicht, wir wissen nur, daß er Steger geheißen hat und am 17. Jänner 1818 in Eben am Achensee geboren wurde. Seine Eltern, Johann und Katharina Steger, besaßen ein kleines Anwesen, das jedoch die große Familie — sie hatten acht Kinder — nicht ernähren konnte. Zwar brachte Vater Steger einiges Geld nach Hause, das er als Zimmermann verdiente, aber trotzdem war die Not groß. Der Held unseres Berichtes wußte also schon frühzeitig, was es heißt, in materieller Sorge zu leben. Nur vier Winter hindurch war es ihm möglich, die Schule zu besuchen, die übrige Zeit mußte er als Drittältester schon fest bei der Arbeit zupacken.

Jede freie Minute, die sich der Knabe abstehlen konnte, verbrachte er an einer nahe dem elterlichen Haus gelegenen Wassergrube, an deren Rändern sich eine tonartige Masse abgelagert hatte. Schon mit fünf, sechs Jahren war er von diesem Material so fasziniert, daß er es regelmäßig abkratzte und daraus kleine Figuren formte, Kühe, Schafe, Ziegen, Füchse und Hirsche, aber auch kleine Almhütten inmitten von Bergen. Oft gab es böse Worte von seiten des Vaters, der den Buben lieber an der Arbeit gesehen hätte. Gottlob zeigte die Mutter einiges Verständnis, und hatte auch nichts dagegen, als der kleine Künstler die Stätte seines Wirkens im Winter in die Küche verlegte. Dort freilich lockte ein ganz anderes knetbares Material: der Teig, aus dem die Mutter die Brotlaibe machte. Nun formte er seine Tiere aus Teig, den er auf der Herdplatte backen ließ. Er hatte, wenn er zur Schule schlenderte, ständig so ein Gebilde in der Tasche. Bald stand er deshalb mit dem Lehrer, dem dieses Tun fremd war, auf Kriegsfuß. In seinen Memoiren beklagte Steger auf das bitterste, in seiner Jugend auf keinen Menschen gestoßen zu sein, der ihm einiges an Anleitung für seine kindlichen Versuche hätte geben können.

Als es seinen Eltern immer schwerer fiel, die große Kinderschar zu ernähren, zog er als Halbwüchsiger aus, um Geld zu verdienen. Er versuchte es erst im nahegelegenen Bayern, wo ihn aber das Heimweh vertrieb, dann bei einem Bauern in der Umgebung. Der schickte ihn und seinen Bruder zur Holzarbeit ins Riß- und Bächental, wobei er das erstemal mit Leuten aus Scharnitz zusammenkam, deren Hauptgeschäfte das Schwärzen (Schmuggeln) und das Wildern waren. Hören wir, was er mit eigenen Worten dazu sagte:

„Diese Vergehen wurden vom Bauernvolk nicht streng verurteilt. Man konnte sich nicht erklären, warum es verboten sein soll, Waren aus dem Ausland herbeizuliefern, wenn diese dort wohlfeiler zu haben sind. Die Jagd war vor dem Jahr 1848 in den meisten Gemeinden den Gemeindemitgliedern freigegeben, und wo dies nicht der Fall war, wurde das Jagdrecht eines einzelnen gegenüber den freien Gemeinden als eine Ungerechtigkeit angesehen. Man machte sich daher aus dem Wilddiebstahl nicht viel und betrachtete dies lange nicht wie etwa einen anderen Diebstahl. Auch ich rechnete Wildern und Schwärzen nicht zu den Verbrechen. Ich schloß mich daher den Scharnitzern an, betrieb aber den Wilddiebstahl größtenteils auf eigene Rechnung und erlangte dabei ziemliche Gewandtheit.

Einmal erlegte ich einen Hirschen und zwar einen Zwölfender. Bevor ich zum Aufbruch meiner Beute schritt, wollte ich mich versichern, ob kein Jäger in der Nähe sei. In geduckter Stellung spürte ich herum, und richtig wurde ich eines Jägers ansichtig. Ob dieser meinen Schuß fallen gehört hat oder nicht, das kann ich nicht sagen. Ich aber eilte geduckt bergabwärts in das Tal, machte im Tal absichtlich meine Fußspuren im weichen Lehmboden ersichtlich und lief die andere bewaldete Berghöhe hinauf. Nun machte ich einen Lockschuß, nahm wieder reißaus und ging auf einem Umweg dem Lagerplatz meines Hirschen zu, hielt jedoch in einem Versteck an, um zu beobachten, ob der Lockschuß seine Wirkung getan habe. Es dauerte nicht lange, da erschien etwas unterhalb der Jäger mit noch einem zweiten, und ich hörte den einen zum anderen sagen: „Da habe ich die Fährte!" Er bemerkte nämlich meine Fußspuren.

Ich überließ es nun den gefoppten Jägern, an der Stelle, wo ich den Lockschuß abfeuerte, den Tatbestand in Augenschein zu nehmen, und machte mich daran, in Ruhe und ohne Gefahr meinen Hirsch aufzubrechen.

Ein anderesmal entdeckte ich zwei Jäger, auf einer hohen Bergspitze lagernd, wo sie mit ihren Fernrohren weit in die Welt hinausschauten. Neidisch konnte ich ihnen den Genuß nicht gönnen und dachte: diese Männer müssen mir bald herunter! Ich stand tief im Tal und ging in eine Moospfütze, drückte wieder absichtlich meine Fußspuren in den weichen Boden, ja selbst in das trügerische Moor hinein und wieder zurück, feuerte dann den Lockschuß ab und ging schnell über harte Stellen, wo keine Schuhabdrücke zurückblieben, aus dem Bereich der Pfütze und beobachtete aus der Ferne, wie bald die Jäger kommen würden.

Es dauerte in der Tat nicht lange, und beide erschienen an der Pfütze.

Wie mir das Herz lachte, als ich ihnen durch das Fernrohr zuschaute, wie sie meine Spuren beschnuffelten, wie sich einer in der Hitze in das Moos wagte und bis auf den Bauch in den Morast hinabsank, so daß ihm sein Kamerad heraushelfen mußte. Ich war zu weit entfernt, um das Schimpfen der Jäger zu hören und ging befriedigt, daß mir der Spaß gelungen, weiter. An demselben Tage wurde noch ein Gamsbock mein eigen."

Bald wurde es in der Gegend bekannt, daß Steger ein guter Schütze sei und so trug ihm der Fürst Laningen eine Stelle als Jäger an. Steger aber hatte zu dieser Zeit eine Liebschaft mit einer Bauerntochter aus Fischl, die er hätte aufgeben müssen, um in fürstlichen Dienst treten zu können. Eine Heirat kam nicht in Frage, doch lassen wir ihn selbst darüber berichten:

„Das Heiraten geht in Tirol für nicht angesessene Leute sehr schwer an: die seßhaften Bauern betrachten das Heiraten als ein Privileg für sich. Taglöhner und dergleichen Leute erhalten von der Gemeinde keine Ehebewilligung."

Ein halbes Jahr nachdem er die Stelle als Jäger abgelehnt hatte, eröffnete ihm seine Geliebte, daß sie ein Kind von ihm erwarte. Das war zu dieser Zeit ganz allgemein eine böse Sache und so beschloß das junge Paar, sich im Wald zu verbergen. Im Bächental fanden sie eine elende Rindenhütte, die Steger, so gut es ging, gegen die Kälte abdichtete. Da hausten sie also in der Wildnis und ernährten sich fast ausschließlich von dem, was der Bursche von seinen Pirschgängen mitbrachte. Es muß ein unendlich hartes und gefährliches Leben gewesen sein, das die beiden da führten und das seinen Höhepunkt in der Niederkunft des Mädchens kurz vor Weihnachten fand. Nach drei Tagen trug Steger den neugeborenen Knaben weit hin über Berg und Tal zu einem älteren Mann, der mit seinen Schwestern hauste, und dem er das quäkende Bündel durch's offene Fenster ins Zimmer legte.

Schon kurze Zeit nach diesem Vorfall war das Leben der beiden im hochwinterlichen Wald völlig unerträglich geworden und so kehrten sie in die Zivilisation zurück. Steger arbeitete wieder als Holzknecht und besserte sein Einkommen durch regelmäßigen Wilddiebstahl auf. Was er dabei alles erlebt hat, ist uns leider nicht überliefert, auch nicht der genaue Tathergang, als er schließlich von Jägern gestellt wurde.

Er wurde vor Gericht gebracht, wo er jedoch alles abstritt. Erst als er an das Stadt- und Landesgericht nach Innsbruck ausgeliefert und dort mit dem Landrat Waldoner konfrontiert worden war, wurde er weich und legte ein Geständnis ab. Er faßte sechs Monate Haft aus, die er im „Kräuterhaus" in Innsbruck abzusitzen hatte. Diese Strafe sollte in doppelter Weise entscheidend für sein weiteres Leben werden. Der negative Aspekt daran war, daß er bis zu seinem Ende hart anzukämpfen hatte gegen das Vorurteil seiner Mitmenschen, die mit einem Gestrauchelten nichts zu tun haben wollten. Dieser ständige Kummer wurde zum Teil wieder gutgemacht durch den Umstand, daß ihm der Aufenthalt im Gefängnis sein Talent zum Schnitzen klargemacht hat, ein Talent, das ihn trotz allem zu einem glücklichen Menschen gemacht hat.

Aber wie war das gekommen? Angefangen hat es mit der Forderung des Gefängniswärters, Steger solle ein Spinnrad bedienen. Da dieses offenbar nicht funktionsbereit war, schnitzte Steger so lange daran herum, bis es sich handhaben ließ. Beeindruckt von seiner Geschicklichkeit trug man ihm auf, hölzerne Löffel zu schnitzen. Auch diese Arbeit erledigte er zu voller Zufriedenheit. Wahrscheinlich als eine Art Belohnung steckte der „Kerkermeister" dem Sträfling Papier und Bleistift zu und damit eröffnete sich dem Mann eine neue Welt.

Nach seiner Entlassung zog er ins Unterinntal, wo er wieder als Holzknecht Arbeit fand. Aber bald fügte es das Schicksal, daß er in Hopfgarten auf den Maler und Bildhauer Johannes Fuchs stieß, der ihn dreizehn Monate lang in der Bildhauerei unterrichtete. Steger hatte dem Wildern abgeschworen und sah sein Heil nunmehr in der Kunst. Er fuhr mit seinen Arbeiten nach München und legte sie dort dem berühmten Professor Schwanthaler vor. Der fand großen Gefallen an ihnen, gab dem Tiroler weitere Anleitungen und unterstützte ihn. Zwei glückliche Jahre verbrachte der ehemalige Wildschütz in München. Erst die Wirren des Jahres 1848 trieben ihn wieder der Heimat zu. In Brandenberg, wo seine Eltern begraben liegen, machte er sich seßhaft und lebte nunmehr ausschließlich vom Schnitzen. Die Tierdarstellungen, die ihn schon in seinen Kindertagen beschäftigt hatten, traten nun wieder auf den Plan; bald kamen Bestellungen für Madonnen und Kruzifixe, zum Teil auch in Lebensgröße, dazu.

Brandenberg erwies sich nicht als idealer Wohnort, weil dort zu viele Menschen von der unrühmlichen Vergangenheit des „Herrgottschnitzers" wußten, und so übersiedelte er nach Rattenberg. In der Folgezeit schnitzte er eine lebensgroße Christusstatue für den Friedhof beim Tummelplatz zwischen Innsbruck und Amras.

Etwas später fand er in Graf Franz Enzenberg einen verständnisvollen Förderer, der sich nicht wie die meisten Menschen daran stieß, daß Steger ein ehemaliger Häftling war. Für den Grafen zählte nicht die Vergangenheit eines Mannes, sondern sein Tun. Und das war gut.

„Ich lebte und arbeitete nun unter dem Dache des Herrn Grafen. Die vielen Tierköpfe, die den großen Saal von Tratzberg füllen, dann die Jägergruppe seiner Majestät Kaiser Franz Josephs im Jahre 1848, dann den Grafen von Enzenberg und zwei Jäger, darunter den Lambert vorstellend, sind meine

Graf Enzenberg nahm 1856 den verurteilten Tiroler Wilderer Steger in seine Obhut und förderte dessen künstlerisches Talent. Zahlreiche Schnitzereien im Schloß Tratzberg (oben) bei Stans im Inntal entstammen der Hand dieses Künstlers und ehemaligen Wildschützen

Repetierkarabiner M-1895 (Mannlicher) mit umgebauter Visiereinrichtung und zusätzlich angebrachtem Stecher-Mechanismus, 1935 nach einer abenteuerlichen Verfolgungsjagd einem Wilddieb in Kals am Großglockner abgenommen. (Landeskundliches Museum im Zeughaus, Innsbruck)

Arbeiten. In dieser Zeit, ich glaube im Jahr 1856, fällt auch die Anfertigung eines kolossalen Kruzifixes, nun aufgerichtet auf dem neuen Gottesacker in Schwaz."

Graf Enzenberg blieb der Gönner Stegers für viele Jahre und überließ ihm auch eine Wohnung in der Ruine Kropfsberg. Dort betrieb der Schnitzer eine kleine Wirtschaft, heiratete eine rechtschaffene Weibsperson, mit der zusammen er später ein kleines Bauernanwesen beim Wurzer an Kasbach erwarb.

Obwohl er sich nie wieder etwas zuschulden kommen ließ und ein weitum bekannter „Herrgottschnitzer" geworden war, konnte er bis zu seinem Ende nicht die Bosheit seiner Mitmenschen verkraften, die ihm seine Straftat nicht nachsehen wollten.

Ein nicht wieder gutzumachendes Versäumnis

Es muß in den ersten Jahren nach dem Ersten Weltkrieg, also in den frühen zwanziger Jahren, gewesen sein, als Vater Angerer seinen Jagdherrn — er hieß in der Gegend von Scharnitz allgemein nur „der Baron" — um eine Unterredung gebeten hatte.

„Herr Baron", hatte er stockend begonnen, „ich hätt' eine Bitte an Sie."

„Nur zu, nur zu, mein lieber Angerer. Ich werd' versuchen, sie Ihnen zu erfüllen. Wenn's nicht g'rad die Bitte um Ihren Abschied ist!" Der Baron lächelte ein wenig. „Aber bitte, nehmen's doch erst mal Platz!"

Der alte Angerer hatte sich auf die Kante eines der noblen Fauteuils gesetzt. Verlegen drehte er den Hut in den Händen.

„Ja, Herr Baron, grad des is es. I derpack's einfach nimmer. Seit i aus'm Krieg z'ruck bin, bin i a g'schlagner Mann. 's verwundete Bein macht mir z'schaffen, und am ganzen Körper plagt mi der Rheumatismus."

„Kennen wir, kennen wir, Angerer! Das Rheuma ist und bleibt halt einmal die Jägerkrankheit. Ungestraft sitzt man nicht nächtelang in Kälte und Feuchtigkeit. Aber wegen ein bißl Rheuma werden's mich doch nicht im Stich lassen!"

„Im Stich werd' ich Sie nit lassen, Herr Baron, da hab' i schon vorg'sorgt. Der Alois, mei Bua, des wird a ganz a Tüchtiger, was d'Jagd betrifft. Nächstes Jahr macht er sei Prüfung und..."

„Ja, ja, ich hab' davon gehört. Das würde die Sachlage natürlich ändern.

Sie könnten Ihren Sohn einweisen, ihn ein paar Monate lang durch's Revier führen, und wenn Sie ganz und gar nicht mehr mögen, könnte der Alois im nächsten Jahr Ihren Posten als Aufsichtsjäger übernehmen."

Ja, so und nicht anders hatte der Baron gesprochen. Aber was dann kam, das hatte er sich nicht vorgestellt. Kaum hatte er den Sohn, den Alois, ein paarmal gezielt durch's Revier geführt, als man im Dorf schon zu tuscheln begann. Ein wüstes Kesseltreiben setzte ein, bei dem sich der Raffeiner besonders hervortat. Er beschuldigte den alten Angerer öffentlich, es mit den Wilderern zu halten und seinen Sohn in diesem Sinne einzuweisen. Das Gerede drang bis zu den Ohren des Jagdherren, der an sich große Stücke auf seinen altgedienten Jäger hielt, andererseits aber doch auch die Meute nicht gegen sich aufbringen wollte. Wie auch immer — die Anstellung des Alois Angerer zog sich mehr und mehr hin, obwohl dieser schon längst mit gutem Erfolg die Jägerprüfung abgelegt hatte.

Lange konnte er nicht mehr zuschauen, der alte Angerer. Sein Rheuma wurde ärger. So faßte er sich eines Tages ein Herz und sprach erneut bei seinem Jagdherrn vor. Zu seiner großen Befriedigung merkte er bald, daß er offene Türen einrannte. Die Zeit hatte für den Alois gearbeitet. Das Gespräch dauerte keine zehn Minuten, dann stand als Ergebnis die Anstellung seines Sohnes fest. Zufrieden trabte der Alte nach Hause.

In der langen Zeit der Ungewißheit war der Alois nicht müßig gewesen. Systematisch hatte er das Revier erforscht, das er von Jugend an kannte. Nun aber blieb kein noch so versteckter Pfad, kein Schrofen, keine Schneise ihm fremd. Er konnte genau sagen, wo welches Stück Rotwild austrat und um welche Stunde, auf welchem Baum der Auerhahn balzte und wo man am besten an die Murmeltiere herankam. Er machte schon seine ersten Runden ohne den Vater.

„Vater, es is a Jammer, wie ausg'schossen unser Revier is! Man kann die Reh, die wir hab'n, schon bald an die Finger abzähl'n. Es wearn immer weniger. I laß mir's nit nehmen: da sein Wilderer am Werk."

„Ja, Bua, da magsch scho recht ham. Des Wildern is jetzt aggrad a Sport worn für gewisse Kreise."

„I bin dafür, Vater, daß wir eppes dagegen tun. Was is, hab i dei Hilf?"

„Ja, Bua, freilich hasch mei Hilf. I woaß a so ziemlich genau, wo wir am ehesten auf die Burschen stoßen könnten: im hintern Talele, — du woaßt scho wo."

Man beschloß, es schon am kommenden Tag zu versuchen. Aber die Suche blieb ohne Ergebnis. Auch die des nächsten, des übernächsten Tages. Aber die beiden Männer waren ausdauernd genug, die Sache wieder und wieder in Angriff zu nehmen.

Es war ein eiskalter, klarer Oktobermorgen, als Vater und Sohn erneut durch's hintere Talele pirschten. Plötzlich stoppten sie. Ein Geräusch wie von Stimmen drang von fern zu ihnen. Vorsichtig schlichen die beiden durch's niedere Unterholz, jedes Geräusch vermeidend. Vor ihnen breitete sich Almboden aus, von Moosbeerstauden bewachsen, die eine herrliche rote Farbe angenommen hatten. Mitten in den niederen Büschen hockten, im Schatten einer in diese Höhe versprengten Zirbelkiefer, zwei Gestalten. Sie beugten sich zu einem graubraunen Gegenstand hinunter, den sie zwischen sich liegen hatten. Vorsichtig hob Vater Angerer sein Fernglas. Nun konnte er es genau erkennen. Der eine Mann hatte das Gesicht mit Ruß angestrichen, das des anderen war zum Teil mit roter, zum Teil mit grüner Farbe angemalt. Die beiden Männer trugen abenteuerliche Gewänder aus Fetzen und hohe Gummistiefel. Es konnte kein Zweifel bestehen: es waren Wilderer. Sie mußten sich vollkommen sicher fühlen, denn sie saßen ohne jede Deckung und unterhielten sich lebhaft miteinander. Immer wieder klang ein Lachen zu den beiden Jägern hinüber. Die schlichen sich, stets auf ihre eigene Deckung bedacht, langsam näher.

Während der Vater mit der ihm eigenen Bedächtigkeit den kommenden Ereignissen entgegensah, flammte in Alois die Leidenschaft auf. Einen Wilderer anpirschen, so dachte er kurz, ist nicht viel anders als auf einen Hirsch, einen Bock passen. Fiebernd vor Erregung kauerte er hinter einer Staude, wie ein Vollblutpferd, das ins erste große Rennen geschickt wird. Mit einem Auge schielte er zum Vater. Plötzlich gab ihm der ein Zeichen. Alois schnellte hoch, und rannte, so rasch er konnte, von seinem sicheren Versteck der Zirbelkiefer zu. Hinter sich hörte er schwer den Vater keuchen.

„Waffen wegschmeißen!" schrie er im Laufen. Aber da hatte er die beiden vermummten Gestalten auch schon erreicht. Die waren aufgesprungen, hatten aber in ihrer bodenlosen Überraschung einen Augenblick gezaudert. Was sollten sie machen — den erlegten Rehbock einfach liegenlassen und Fersengeld geben oder schnell die Beute hochreißen und mit ihr losrennen? Dieser Moment des Zögerns genügte dem jungen Jäger, sich mit seinem ganzen Körper auf einen der Wilderer zu werfen. Der brach in die Knie, sein vermummter und bemalter Schädel fiel mit dumpfem Schlag auf das Haupt des erlegten Bockes. Der junge Jäger faßte ihn an den schwarzen Haaren und schlug ihm den Kopf immer wieder gegen das Krickel. Der Wilddieb stieß einen gräßlichen Schrei aus und einen derben Fluch. Da warf sich auch schon der zweite Wilderer von rückwärts auf den jungen Jäger und hieb ihm mit seinem langen Bergstock über Kopf und Schulter. Obwohl Alois auf diesen Schlag nicht im mindesten gefaßt war, schnellte er zurück und ging auf den zweiten Mann los. Trotzdem wäre seine Lage, allein mit zwei kräftigen Mannbildern, aussichtslos gewesen, hätte nicht einstweilen sein Vater die Kämpfenden erreicht. Eine Sekunde der Unachtsamkeit der Wilderer, die sich mächtig ihrer Haut wehren mußten, genügte. Weit holte der alte Angerer mit dem Gewehrkolben aus und hieb ihn dem einen Wilderer über den Schädel. Der gab einen gurgelnden Laut von sich und fiel zu Boden.

„Danke, Vater!“ rief atemlos der Alois. Er saß jetzt rittlings auf dem Wilderer, dessen Gesicht von den spitzen Krickeln den Bocks zerstoßen und zerschrammt war.

„Gib mir die Leinen, Vater!“ kommandierte der Sohn. Die Leinen, ja natürlich. Gottlob hatten sie daran gedacht. Dann bückte er sich nach den Waffen, die die Männer in der Hitze des Gefechts achtlos am Boden hatten liegen gelassen.

„So, Vater, du tragst die Büchsen, i nimm den Bock. Und die da —“ er stieß verächtlich mit dem Fuß an die beiden am Boden liegenden Gestalten — „die nehmen wir mit. Die Gendarmerie wird a Freud' mit ihnen hab'n. So, jetzt auf, es Haderlumpen, es verkommenen!“ Und schon riß er die beiden Männer an den Seilen hoch. Die waren durch den Überraschungsangriff und die Attacken noch so benommen, daß sie kaum Widerstand leisteten.

„Du Galgenstrick gehst als erster; Vater, dann kommst du, dann der zweite Halunke. Und i geh' zum Schluß.“ Der junge Jäger war ganz in seinem Element und kommandierte, als habe er nie etwas anderes getan.

So traten sie den Marsch an. Der Wilddieb mit dem rußgeschwärzten Gesicht, über das Blut rann, stapfte mißmutig voran.

Sie gingen zwei Stunden lang die steilen Berghänge hinunter. Der schwierigste Teil des Weges ins Tal hinab, das wußten sie, lag aber noch vor ihnen. Es war dies ein extrem steiles Gelände mit vielen Felshängen, an die sich nur ein schmaler Pfad anlehnte. Dort, wo dieser begann, war ein kleiner Rasenplatz unter einer mächtigen Lärche. An die ließ sich der als zweiter gehende Wilderer fallen. Er griff sich mit den gefesselten Händen an den Kopf. Unter seiner roten und grünen Gesichtsbemalung mußte er bleich sein wie der Tod.

„I kann nimmer“, röchelte er.

„Is dir leicht übel? Gut, mach' ma a Pause“, sagte gutmütig der alte Angerer. Der Rot-Grüne lehnte sich an den Stamm des Baumes. Neben ihm ließen sich sein Kumpan und die beiden Jäger auf dem Rasenbödele nieder.

„Da, sauf' an Schnaps!“ sagte Angerer senior und reichte dem von einer Schwäche befallenen Mann die kleine Flasche. Der hob sie mit den gefesselten Händen an den Mund. Seine Augen blickten auf den alten Waidmann. Sie waren dick mit Farbe bemalt, diese Augen. Bei ihrem Anblick fiel dem alten Angerer ein Erlebnis aus früheren Jahren ein. Er hatte einen Wildfrevler gestellt, hinter Gitter gebracht und hatte es erlebt, daß dieser Halunke freigelassen worden war. Zufällig waren sie einander nach Wochen am Wirtshaustisch begegnet. Ganz freundschaftlich hatten sie sich miteinander unterhalten.

„Woasch, Angerer“, hatte der andere gesagt, „beim Wildern muaß ma saggrisch schlau sein. Und des sag i dir: die Maschkera is soviel wichtig. Des, was'd anlegst, die Schuach, — und des Allerwichtigste is des Anmalen. Du muaßt aso ausschaug'n, daß dei eig'ne Muatter di nit kennt. Die Augen — i sag dir, Angerer, die Augen! Auf die muaßt so viel Farb' streichen, daß lei mehr's Weiße außerschaugt.“

Der Wildfrevler, mit dem er es nun zu tun hatte, wußte das offensichtlich auch. Man sah nur das Weiße von seinen Augen. Und das verdrehte er jetzt ganz schauerlich. Es schien dem Mann sehr schlecht zu gehen.

„I muaß speiben“, röchelte er.

„Nacha geh hinter'n Baam!“ kommandierte der junge Jäger. Der rot-grün Bemalte gehorchte eilends. Er kroch auf allen Vieren hinter den mächtigen Stamm. Dort kauerte er im Gras und gab schaurige Laute von sich. Sie waren so geräuschvoll, daß sie einen anderen Ton abfingen: das Geräusch nämlich, mit dem er mit den Zähnen das Messer herauszerrte, das verborgen im Schaft seiner Gummistiefel steckte. Blitzschnell ließ er es im Ärmel seiner Lumpenkleidung verschwinden. Dann kroch er wieder zu den anderen hinunter, die ihn wegen seiner „Speiberei“ hänselten.

Gleich darauf brach die kleine Gruppe wieder auf. Nun hieß es, jeden Schritt genau zu setzen, denn nach links stiegen die Felswände mächtig an, und rechts fielen sie in scheinbar bodenlose Tiefe.

Der kleine Trupp war an einer besonders tückischen Stelle angelangt. Plötzlich hatte der hinter dem alten Angerer gehende Wildschütz das Messer in den Händen. Er machte einen gewaltigen Satz und hieb es von hinten dem alten Jäger in die Hüfte.

Ein dumpfer Schrei durchschnitt die Stille, Angerer bäumte sich wild auf, lehnte sich dabei ein wenig nach rechts und stürzte in den Abgrund. Steine polterten, Äste gaben krachend nach, dann Totenstille.

Der Schreck hatte den jungen Jäger zunächst gelähmt. Ungläubig starrte er für eine Sekunde in den Abgrund. Dann schoß ihm das Blut in den Kopf. Ein schwerer Kampf tobte in ihm. Er war allein auf sich gestellt; wie sollte er sich verhalten? Sollte er versuchen, die beiden zu allem entschlossenen Verbrecher in sicheren Gewahrsam zu bringen? Er würde gegen ihre Übermacht wehrlos sein. Oder sollte er das Wagnis unternehmen, vielleicht doch das Leben seines Vaters zu retten? Pflichtbewußtsein und Kindesliebe —

wie oft hat es diesen Kampf schon gegeben! Alois entschied sich für die Kindesliebe. Wild entschlossen wuchtete er den Rehbock, den er den ganzen Weg auf seiner Schulter getragen hatte, zu Boden. Während die beiden vermummten Gestalten den schmalen Pfad dahinhasteten, machte Alois sich an das schwierige Werk des Abstiegs über die steile Felswand. Schritt für Schritt, Zentimeter um Zentimeter kletterte er bergab. Immer wieder hielt er inne, und rief laut des Vaters Namen. Alles blieb still.

Ein Gebüsch, das sich aus einer Felsspalte hervorgezwängt hatte, gab ihm schließlich ein wenig Halt. Zwischen den gespreizten Beinen hindurch blickte er in die Tiefe. Was er sah, ließ ihn laut aufstöhnen. Ein Stück unter ihm, auf einem kleinen Felsplateau lag, zerschmettert, der Vater. Hastig kletterte er noch das letzte Stück bergab. Dann kniete er neben der Leiche. Ein lautes Schluchzen ließ seinen Körper erbeben. Der Vater — er hatte den Vater verloren! Und es war einzig und allein seine Schuld. Wie nur hatte er es verabsäumen können, die Wildschützen nach versteckten Waffen zu durchsuchen? So etwas durfte erfahrenen Jägern einfach nicht passieren. Nie, nie im Leben würde er sich das verzeihen. Er, nur er allein hatte das gräßliche Unglück auf dem Gewissen. Wie würde er damit weiterleben können?

Nach einiger Zeit war er imstande, sich aufzuraffen und den gefährlichen Weg ins Tal fortzusetzen. Die Leiche des Vaters mußte er liegenlassen, so schwer es ihm fiel.

Der Abstieg war außerordentlich beschwerlich, aber schließlich schaffte es der junge Waidmann. Mit schwerem Herzen strebte er dem Haus seiner Eltern zu. Die Mutter war nicht daheim, so blieb ihm eine kleine Galgenfrist, bis er ihr das Furchtbare mitteilen mußte.

Nun galt sein erster Weg dem Gendarmerieposten. Je rascher er diesen verständigte, umso eher konnten die Suche nach den beiden Verbrechern beginnen. So gut es ging, schilderte er das Aussehen und die Verkleidung der beiden; dann bat er den Beamten um seine Hilfe bei der Bergung des toten Vaters.

Eilends wurde aus dem nächsten größeren Ort Verstärkung angefordert, die auch bald eintraf. Mit diesen Männern zog Alois Angerer los, den Vater zu holen.

Mittlerweile begann sich im Ort das Räderwerk der Verbrechersuche zu drehen. Sämtliche Einwohner wurden befragt. Eine alte Frau, die im Wald nach Preiselbeeren gesucht hatte, konnte einen wichtigen Hinweis geben. Sie hatte von fern zwei Gestalten gesehen, auf die die Beschreibung zutreffen konnte. Sie hatten sich in großer Eile der aufgelassenen alten Mühle genähert und waren in ihr verschwunden. Keiner der beiden hatte das Weiblein bemerkt.

Der Postenkommandant forderte Verstärkung an; auf getrennten Wegen marschierte man in Richtung alte Mühle. Dort trafen sich alle. Vorsichtig lugte der erfahrene Gendarm durch die blinden Fensterscheiben. Er sah nur einen Ausschnitt des kleinen, düsteren Innenraumes. Aber was er sah, genügte ihm: auf einem Haufen lag allerlei Lumpengewand, wie es offenbar die Verbrecher getragen hatten.

Der Postenkommandant schlich sich leise zur niederen Eingangstüre und wollte diese gerade öffnen, als sie von innen aufgestoßen wurde. Ein Mann wurde sichtbar, der offenbar versucht hatte, die rot-grüne Farbe und das Blut mit den Händen wegzuwischen.

Die Festnahme der beiden war das Werk weniger Minuten.

Wenige Wochen später wurde ihnen der Prozeß gemacht. Der Mörder des alten Angerer wurde zu 15 Jahren Gefängnis verurteilt, sein Kumpan kam mit acht Monaten Haft noch glimpflich davon.

Waffenarsenal in der Almhütte

Es war im Winter 1950/51. Bei einem Routinegang stellte der zuständige Gendarm fest, daß in die bundesforsteigene Jagdhütte „Weingrub“ im Langen Grund, Gemeindegebiet von Hopfgarten, eingebrochen worden war. Der Täter hatte keinerlei Spuren hinterlassen. Die Einbruchwerkzeuge hatte er mitgenommen, denn auch in der näheren Umgebung der Hütte konnten keinerlei entsprechende Funde gemacht werden. Die Trittspuren hatte der Wind verweht und der Schnee zugedeckt.

Der Frühling ging ins Land, und noch immer war der wackere Gendarm des Täters nicht habhaft geworden. Zu seinem Ärger war es dann mehr ein Zufall, daß ein gewisser Johann Hauer, Besitzer einer Alm der Umgebung, begann, seinen Verdacht zu erregen. Hauer stammte aus dem Zillertal und war weithin als nicht ganz „astrein“ bekannt.

Eines Tages stieg der Gendarm mit einem Kollegen zu der Alm des Johannes Hauer auf. Sie hatten gerade die Waldgrenze erreicht, als ihnen der Förster, der dieses Gebiet betreute, entgegenkam.

„Griaß enk“, sagte der Mann. „Nacha, wohin gemma?“

„Zur Alm vom Hauer. Den miaß ma amal genauer unter die Lupen nemen.“

„So, so, der Johann! Ja, ja, der hat so manches auf'm Kerbholz. Wenn mi nit alles täuscht, war des der Einbrecher auf der ‚Weingrub'. Und wie mir scheinen will, schreckt der ja a vorm Wildern nit z'ruck. I selber hab ihn freili no nia derwischt, aber dem tat i's vergunnen, wann er amal einging!“

„Mir wearn schau'n, was sich machen laßt“, sagte einer der Gendarmen und sie stapften weiter, der Alm zu.

Als sie zur Hütte kamen, zeigte es sich, daß sie Glück hatten: Hauer war zu Hause.

„Sind Sie der Johann Hauer?“ fragte der eine Gendarm ordnungshalber.

„Ja, ja, sell woll. Was wollt's denn vo mir?“

Die beiden Männer nahmen den Zillertaler in die Zange. Zunächst befragten sie ihn nach dem Einbruchdiebstahl in der Jagdhütte „Weingrub“, den der Mann beharrlich leugnete. Dann kam der Wilddiebstahl an die Reihe. Hauer tat so, als ob er ein Mann wäre, der keiner Fliege etwas zuleide tun könne.

„Dö armen Rehlan, gar nia nit kennt i drauf schiaß'n! Naa, naa, Herr Postenkommandant, da sein's bei mir an ganz der falschen Stell'!“

Drei Stunden lang dauerte die „Unterredung". Nach Ablauf der dritten Stunde ging Hauer soweit in die Knie, daß er, heftig mit den Armen gestikulierend, ausrief: „Und i hab nit g'wildert, jetzt glaabt's mer's do endlich! Ihr kennt's die ganze Hütt'n auf'n Kopf stellen — nix werd's finden, rein gar nix, des schwör i enk!"

Die Gendarmen ließen sich das nicht zweimal sagen. Einen Hausdurchsuchungsbefehl hatten sie nicht, und der Verdacht des Försters allein hätte nicht ausgereicht, eine Untersuchung der Hütte zu rechtfertigen.

Im Schlafraum begannen sie. Der jüngere der beiden Gendarmen bückte sich, um unter die Schlafpritsche zu schauen. Er steckte den Arm aus — und zog ihn mit einem abschraubbaren Jagdgewehr zurück. Das genügte, um nun die ganze Hütte perlustrieren zu können. Eine volle Stunde hatten die Männer zu tun, um jeden Winkel zu durchstöbern. Was sie fanden, verschlug ihnen beinah dem Atem: 1 Doppelbüchsflinte, 1 Kugelgewehr, 1 Jagdgewehr mit Schalldämpfer, 1 Kleinkalibergewehr mit Schalldämpfer, 1 Pistole und einen Haufen Munition.

„Was is nacha mit die vielen Waffen, ha?" fragte einer der Gendarmen, während der andere weiter suchte.

„Ja mei", gab Hauer patzig zur Antwort. „Da heroben auf der Alm treiben sich so manche Halunken umeinander. Da muaß ma scho sei Pistol'n im Haus ham. Zum eigenen Schutz lei, versteht's mi, meine Herrn?"

„So, so, Halunken treiben sich da umeinander! Und der größte vo alle Halunken bisch du! Jetzt ziach di an, Hauer, und kimm mit. Du bisch verhaftet."

Der Mann wollte protestieren, aber in diesem Augenblick betrat der andere Gendarm den Raum und warf eine größere Anzahl Wilddecken vor ihm auf den Boden.

„So, Bürschl, des wär's! Das langt endgültig, um di einzulochen. Mach di fertig und kimm!"

Alles Leugnen nützte nichts mehr, Hauer wurde von den Gendarmen abgeführt und vor Gericht gestellt, das ihm folgende Wilddiebstähle nachweisen konnte: 11 Hirsche, 5 Rehe, 1 Gemse, 1 Fuchs, 1 Edelmarder und 2 Murmeltiere. Allen, die von dieser Liste Kenntnis bekamen, war es klar, daß das nur die „Spitze des Eisberges" war.

*

Ein gefährlicher Bursche hatte sich in den Maschen des Gesetzes gefangen. Wie zwiespältig jedoch die Öffentlichkeit auf den Vorfall reagierte, zeigten die Schlagzeilen der Tagespresse, die von der „Verhaftung des Tiroler Wildererkönigs" berichteten.

„Ganz ohne Weiber geht die Chose nicht“

Wenn wir das Wort „Wilderer“ hören, denkt so mancher an einen hochgewachsenen, kräftig gebauten, überaus flinken und wendigen Burschen. Nur wenigen von uns käme es in den Sinn, nach dem weiblichen Gegenpol zu forschen. Und doch hat es sie gegeben, die „Wilderin“.

Aus vielen Gegenden Tirols sind noch heute Berichte erhalten von listigen Weibspersonen, die sich, wenn der Vater, der Bruder, der Ehemann schliefen, heimlich deren wohlversteckte Waffen aneigneten und allein in die Berge zogen. Die Büchsen waren in zwei oder drei Teile zerlegt und unter weiten Kittelfalten verborgen. Eine Art „Strumpfgürtel“ hielt sie fest, so daß sie auch bei raschem Laufen nicht verloren gehen konnten. Die Frauen kamen ganz harmlos daher, und niemand, der es nicht wußte, wäre auf den Gedanken gekommen, daß sie sich auf dem „Diebspfad“ befanden. Viele von ihnen konnten mit der „Büx“ umgehen wie ihre männlichen Kollegen, hatten scharfe Augen und eine sichere Hand. Auch kannten sie von den Berichten der Männer genau die Standplätze jedes Rudels, jedes einzelnen Stückes Hochwild. Sie beschränkten sich beim Schießen nicht nur auf dieses, sondern sie bewiesen, daß echte Jagdleidenschaft sie trieb, indem sie auch Mardern, „Irgamenten“ (Murmeltieren), Auerhähnen oder Spielhähnen nachstellten.

Gegen Morgen schlichen sie sich dann wieder nach Hause, legten sich hin und gar manches Mannsbild wird sich gewundert haben, daß seine Eheliebste nicht aus dem Bett zu bringen war. Oft steckten freilich Mann und Frau — nicht nur im tatsächlichen, sondern auch im übertragenen Sinn — unter einer Decke und verschacherten die Beute gemeinsam, oftmals vermehrt um die Stücke, die der Mann dazu beisteuerte. Solange das Ehepaar eines Sinnes war, ging alles gut. Kaum aber brachen Zank und Hader aus, eilte einer von den beiden, um die Missetaten des anderen unter's Volk zu bringen. Und wenn's ganz arg zuging, scheuten sich die Flintenweiber auch nicht, ihre eigenen Männer bei Gericht anzuzeigen. Gar mancher Wilderer mit schießfreudigem Eheweib wanderte hinter Gitter, nur weil das Liebchen ihm den größeren Erfolg, die reichhaltigere Beute nicht gönnte.

Es gab aber, und wir erzählen dies, um der Wahrheit Gerechtigkeit widerfahren zu lassen, auch alleinstehende Frauen, deren Männer verunglückt, im Krieg gefallen oder einer Krankheit erlegen waren, die „ganze Schippl Kinder“ durch's Wildern ernährten.

Eine andere Kategorie von Weibspersonen waren diejenigen, die selbst zwar nicht schossen, aber mit Wilderern befreundet waren. Nur zu gern kamen sie ab und zu in den Genuß des widerrechtlich erworbenen Geldanteiles und brüsteten sich beim Kirchtag am Tanzboden mit einer Brosche, einem Ring mit Hirschgrandeln, die der Liebste höchst persönlich dem erlegten Hirsch ausgebrochen hatte. Aber auch bei Freund- und Liebschaften war's wie bei den Ehen: das Wissen um die geheime Jagdleidenschaft des Burschen wurde sofort gegen ihn verwendet, wenn er das Madl zum Beispiel mit einem unehelichen Kind allein sitzen ließ. Dann konnte ihm sein Zutrauen zu dem Mädchen freilich teuer zu stehen kommen, denn in vielen Fällen eilten die treulos im Stich Gelassenen zum nächsten Gendarmerieposten und denunzierten den ahnungslosen Wilddieb, um sich zu rächen.

Ähnlich „charaktervoll" waren auch jene anderen Frauen, die ihr Wissen um die Gewohnheiten der Aufsichtsjäger an die Wilderer verrieten. In vielen Fällen, über die heute noch berichtet wird, wohnte der Jäger in einer Familie oder bei einer Frau, der er volles Vertrauen entgegen brachte. Sie wußte genau, zu welcher Stunde er auszog, um einen Wilderer zu stellen, auf den er schon lange paßte. Sie wußte auch, wann er von diesem Streifzug wieder zurück war. Dann hängte sie ein farbiges Fähnchen zur Haustüre hinaus, das den mit ihr im Bunde stehenden Wilddieben als Signal diente. Hing das Fähnchen, befand sich der Jäger im Haus und die Luft war rein. So manche saftige Rehkeule aus Wildererbeständen mag als Dank in die Kochtöpfe dieser Frauen gewandert sein.

Es gab aber auch noch andere Weiber, die mit den Wilderern gemeinsame Sache machten. So erzählt man sich heute noch in der Leutasch von der Boten-Zenz. In den mageren Zeiten zu Beginn dieses Jahrhunderts, als die Straße durch die Leutasch nur ein übler Karrenweg war, fuhr sie regelmäßig mit ihrem Wägelchen, vor das sie einen Esel gespannt hatte, von der Leutasch nach Mittenwald. Sie war eine Bötin, wie es damals so viele gab, und fuhr vor allem Milch, Eier, Butter und Käse ins benachbarte Bayern. Außerdem hatte sie in Ludwig Ganghofer, der viele Jahre lang die Jagd im Wettersteingebirge gepachtet hatte, einen guten Kunden. Er gab ihr regelmäßig das Wildbret mit, das er (natürlich legal) geschossen hatte, und das sie auf den Mittenwalder Markt brachte. Die Zenz aber begnügte sich nicht damit, legal geschossenes Wildbret zu transportieren, wofür sie ihrer Meinung nach nicht hoch genug bezahlt wurde, sondern sie stand mit den Wilderern der Gegend in Verbindung, die sie weit besser honorierten. Unterwegs auf ihren häufigen Fahrten lauerten die Wildschützen ihr auf und beluden ihren Karren mit Rehen, Hirschen und Gemsen. Die Zöllner an der Grenze nahmen an, die Tiere seien von Herrn von Ganghofer persönlich der Zenz mitgegeben worden und ließen sie anstandslos passieren.

Sechzehnfache Mutter als Wilddiebin

Die alte Dame sitzt mir gegenüber. Nach einem Glasl Obstler hat sich ihre Zunge gelöst. Nun fließen die Worte geläufig über die Lippen, ja, es scheint ihr selbst Spaß zu machen, sich zu erinnern an Dinge, an die sie seit Jahren nicht mehr gedacht hat.

„Frau Hanzmann, wie war eigentlich Ihre Verwandtschaft zur berühmt-berüchtigten Floitenschlagstaude?" frage ich sie.

„Sie war eine Tante meines Vaters. Ich kann mich nur noch ganz dunkel an sie erinnern. Eigentlich hieß sie Lisal und war eine geborene Hollaus von der Schusterau in Ginzling im Zillertal, hieß aber allgemein wegen ihrer großen, knochigen Gestalt nur ‚die Staude'. Sie hat einen Lackner geheiratet, der Gerichtsschreiber gewesen sein soll. Der muß ein Haderlump gewesen sein, hat seiner Frau ein Kind nach dem anderen angehängt und sich dann um seine Familie kaum gekümmert."

„Stimmt es, daß die Floitenschlagstaude sechzehn Kinder geboren hat?"

„Ja, das stimmt. Allerdings starben schon viele bei der Geburt. Und das nimmt einen auch gar nicht wunder, wenn man weiß, daß die Frau bis zum allerletzten Augenblick vor der Niederkunft am Feld oder im Wald gearbeitet hat und meistens dort von den Wehen überrascht wurde. Sie war fast immer allein in ihrer schweren Stunde und nur so ein kräftiges Weibsbild wie sie konnte das überhaupt lebend überstehen."

„Was ist aus den vielen Kindern geworden?"

„Soviel mir mein Vater in meiner Jugend erzählt hat, starben zwei Buben an Diphterie, einer wurde von der Facklsau gefressen, als er noch ein Baby war und ein Bub ist beim Heuen abgestürzt. Eine merkwürdige Sache hat sich zugetragen mit einem anderen Sohn, der vom Fügener Doktor ein Gewand geschenkt bekommen hat, das er erstmalig zum Kirchgang trug. In den Kleidern, so sagte man, haben tödliche Krankheitskeime gesteckt. Jedenfalls starb der Bub kurz darauf, und niemals konnte die Todesursache geklärt werden. Zwei weitere Söhne hat sie im ersten Weltkrieg verloren."

„Entsetzlich, was die arme Frau hat durchmachen müssen!" sage ich voll Mitgefühl.

„Ja, und vielleicht ist sie deshalb so ein Mannweib geworden. Sie hat, was die Arbeit anbetraf, es mit jedem Mann aufgenommen."

„Wo genau liegt eigentlich der Floitenschlaghof?"

„Der Floitenschlag ist ein sehr steiler Hang, nur spärlich mit Gras bedeckt, am Eingang zum gleichnamigen Hochtal in der Nähe von Ginzling, einem Dorf der Gemeinde Mayrhofen im Zillertal. Wenn man heute dort hinkommt, ist man entzückt von der landschaftlichen Schönheit der Umgebung. Aber zur Zeit der Floitenschlagstaude war's hart, dort das ganze Jahr über zu leben. Im Winter sahen die Leute des Einödhofes oft monatelang kein fremdes Gesicht, so einsam war der Hof gelegen. Es war ein hartes Leben, das die Leute dort zu bewältigen hatten."

Unwillkürlich denke ich an die Worte des früheren Bauernministers Thaler: „Subventionen ja, aber nicht Besteuerung, denn unsere Bergbauern sind Lebenspioniere auf weit vorgeschobenen Posten."

Laut sage ich: „So hat also die Staude ihre Kinderschar mehr oder minder allein durchbringen müssen? Wie konnte sie das schaffen, wo doch die Gründe so karg sind?"

„Ja, das kann man wohl sagen, daß die Gründe karg sind, es gibt eigentlich nur Steinplatten da. Das Ganze auf 1500 Meter Seehöhe. Wenn die Staude nicht so ein so guter Schütz gewesen wäre, hätte sie die Kinder niemals großziehen können, zumal einige von ihnen außerehelich geboren waren und ihr Mann, der Lackner, dafür überhaupt nicht aufkam. Aber die Staude war ein Mordsweibsbild und konnte schießen — besser als viele Männer. Und dann müssen Sie noch berücksichtigen, daß der Hof so hoch oben am Berghang liegt, daß die Gemsen schier zum Fenster hineinlugen. Im Winter war's so, daß die Staude kaum aus dem Haus kam, und trotzdem reiche Beute machte. Vom Stubenfenster aus hat sie die Gemsen erlegt. Mitunter hat sie in der gewünschten Schußlinie Gerste ausgesät, die natürlich in dieser Höhe nicht ausreifte, die aber die Gemsen anlockte. So hatte sie die Beute immer greifbar in nächster Nähe. Wie unverfroren sie gewesen sein muß, geht aus der Tatsache hervor, daß sie bei den zuständigen Behörden einen Wildschaden in ihren Äckern meldete, dem auch stattgegeben wurde, womit sie einen doppelten Profit hatte."

„Ist sie immer schlau zu Werke gegangen?"

„Ja, besonders dann, wenn sie sich in der Klemme sah. Einmal, da hat man ihr alles weggenommen, was sie zum Schießen brauchte: das Gewehr, Pulver und Blei. Was tat die Staude? Sie legte auf besonders steile Gamssteige feuchte Baumrinden, auf denen das Wild ausrutschte und abstürzte. So kam sie zu ihrem Braten, ohne geschossen zu haben."

„Von wem hat sie eigentlich das Schießen gelernt?"

„Von ihrem Vater, so sagt man, als sie noch ein ganz junges Dirndl war. Wahrscheinlich hat er nicht geahnt, daß sie das Schießen einmal als Haupterwerb betreiben würde."

„Hat sie sich denn nie darüber Gedanken gemacht, daß es doch etwas sehr Riskantes war, was sie tat?"

„Nein, sicher nicht. Und wurde sie, was öfter einmal vorkam, dabei erwischt, reagierte sie auf ihre Weise. Wenn die Jäger auftauchten in ihrem Berghof (einer allein wagte sich sowieso nie an sie heran), empfing sie die Herren mit großer Höflichkeit und bat sie, nur einen Augenblick zu warten, bis sie sich für den Gang ins Tal hinunter umgezogen hätte. Als sie längere Zeit nicht wiederkam, gingen die Jäger sie suchen und fanden sie splitternackt im Bett liegend. Sie weigerte sich so lange, ihre Blöße zu bedecken und das Bett zu verlassen, bis es den Jägern zu dumm wurde und sie mit einem Achselzucken den Rückweg antraten. So wird erzählt; verbürgen kann ich mich freilich nicht dafür. Auch nicht dafür, daß sie sich einmal bei einer Eskorte ihres Gewandes und ihrer Unterkleidung entledigte, so daß die Gendarmen voller Schreck und Scham die Flucht ergriffen."

Die alte Frau nippt an ihrem Obstler. Dann geht ein vergnügtes Lächeln über ihr Gesicht. „Ja, eine Geschichte muß ich Ihnen noch erzählen, die sich die Staude einmal mit einem Jäger geleistet hat, der besonders scharf darauf war, sie hinter Gitter zu bringen. Sie war gerade beim Almkäse abtragen und traf ihn unterwegs. Ein Wort gab das andere, und plötzlich schlug sie ihm eine Wette vor. Sie würde, so sagte sie, vor seinen Augen, von ihm unbemerkt, eine Gams in die Metzgerei nach Ginzling bringen. Der Jäger, der sich sehr darüber ergötzte, schlug als Wetteinsatz vor, sie in Zukunft in Ruhe zu lassen. Unterwegs auf dem langen Marsch tat er recht freundlich und hilfsbereit und nahm ihr liebenswürdig den schweren Korb ab, in dem sie ihren Käse schleppte. Insgeheim dachte er sicher, der Frau sei kein langes Leben in Freiheit mehr beschieden. Sie unterhielten sich glänzend miteinander; der Schock aber für den braven Jäger kam vor der Metzgerei, als er der Staude den Korb aushändigte. Sie hob zwei Käselaibe hoch und was lag darunter? Ein schmaler Gamsbock. So war also der Jäger der Geprellte, und dem Vernehmen nach hat er sich dennoch an das Abkommen gehalten."

„Hat die Floitenschlagstaude eigentlich nur gewildert, um ihre Kinder zu ernähren?"

„Sie war absolut frei von materialistischem Denken. Geld bedeutete ihr so gut wie gar nichts. Das hat sie unter anderem bewiesen in einer Sache mit Trophäen."

Ich schaue etwas neugierig, dann legt Frau Hanzmann los: „Ja, wissen Sie, es konnte natürlich nicht ausbleiben, daß bei der Vielfalt von Erlegtem oft herrliche Trophäen anfielen. Durch eine Mittelsperson ließ die Staude einige davon, die schönsten, zur Jagdausstellung des Grafen Trautmannsdorf schicken. Und, was nicht zu verwundern war, sie errangen sogar etliche Preise. Der Mittelsmann jedoch, weichgeknetet, gab den Namen der Schützin

VALERIO 1842

preis. Man schlug ihr daraufhin ein gutes Geschäft vor und bot ihr größere Summen für die Trophäen. Aber die Staude lehnte ab. So gut sie das Geld hätte brauchen können — aber schießen um des Profits wegen, das gab es bei ihr nicht."

„Wie lange hat die Staude eigentlich gelebt?"

„So viel ich weiß, hat sie nach dem Ersten Weltkrieg im ‚Astl-Hof', oberhalb des Zemmbaches, gehaust, allein und verlassen, und ist im September 1921 gestorben."

→

„Ein stolzer Schütz' in seinen schönsten Jahren, er wurde weggeputzt von dieser Welt ..."

Nackerte Wilderer

Betrachtet man das Wildererunwesen in Tirol gesamthaft, so kommen einem schon die merkwürdigsten Gestalten und Begebenheiten unter; daß aber eine ganze Bande von Wildschützen in total nacktem Zustand auf die verbotene Pirsch gegangen ist, das gibt es wohl nur im Tiroler Lechtal. Das heißt, besser gesagt, es gab es, denn der Vorfall ereignete sich in den dreißiger Jahren unseres Jahrhunderts. Damals stand das Wildern in hoher Blüte, sowohl diesseits als auch jenseits der Grenze. Im bayerischen Teil der Allgäuer Alpen war zu dieser Zeit der Bestand an Wild wesentlich größer als im Tirolischen, weshalb nicht wenige Wilddiebe von diesseits der Grenze regelmäßig „draußen" zu finden waren. Man wechselte munter hinüber und herüber und oft werden die Männer gar nicht so recht gewußt haben, ob sie sich auf deutschem oder österreichischem Hoheitsgebiet befanden.

Diesseits der Grenze gab es bis in die ersten Jahrzehnte unseres Jahrhunderts noch einen seltsamen Brauch, der von so manchem illegalen Jagersburschen ausgeübt wurde, und welcher möglicherweise bis in graue Vorzeiten zurückreicht. Der Brauch bestand darin, des Sommers, wenn die Morgenkühle erträglich war, so von zu Hause zum Wildern aufzubrechen, wie Gott einen erschaffen hatte. Also — und das muß besonders merkwürdig ausgesehen haben — pudelnackt, aber mit viel schwarzer Farbe im Gesicht, die Waffe über den nackten Rücken gehängt.

So war es auch an jenem klaren Morgen, als einige junge Burschen wieder einmal „unterwegs" waren. Allesamt waren sie weder an den Trophäen interessiert, noch an dem Erlös, den ein schönes Stück Wildbret erzielen konnte. Obwohl die wirtschaftlichen Verhältnisse alles eher als rosig waren, wilderten die Männer lediglich „wegen der Hetz" und — wie sie sich gegenseitig versicherten, — um den alten Brauch „nicht einschlafen zu lassen".

Man war an diesem Tag bis in die Gegend der Kaseralpe, an den Abhängen des Kleinen Wilders, vorgedrungen. Drei Gamsböcke hatten dran glauben müssen, deren rasche Erlegung die vier Burschen zu einem regelrechten Freudentaumel hinriß. Gemeinsam hockte man um die Beute, lobpries die eigene Treffsicherheit und spottete über die Aufsichtsjäger, die nicht imstande waren, „auf ihre Gamsen aufz'passen". So redeten sie sich in Feuereifer und eine wahre Euphorie hinein, bis plötzlich einer der Burschen auf die Idee kam, zur Stärkung etwas Gamsblut zu trinken. Sie waren alle sehr durstig und genossen den ungewohnten Geschmack auf der Zunge. Ihre geschwärzten Gesichter waren heiß vor Freude. In ihrem Glückstaumel begannen sie, sich das dicke Blut um die Münder zu schmieren, was zusammen mit der Rußschwärze einen grausigen Anblick ergab. So saßen sie nun um „ihre" Beutestücke und mußten sich zurückhalten, nicht in lautes Freudengeheul auszubrechen, was unweigerlich einen in der Nähe pirschenden Jäger auf den Plan gerufen hätte. Aber irgendwie mußten sie sich Luft machen, das war klar. Es war ihnen wohl nicht im geringsten bewußt, welch urtümlichen Anblick sie boten, als sie da, mit nichts als dem Ruß verbrannter Zeitungen „bekleidet", die toten Gemsen umtanzten. Die Stimmung der Wilderer hatte ihren Höhepunkt erreicht. So dachten sie. Sie konnten sich nicht vorstellen, daß es noch toller kommen könnte. Aber sie hatten die Rechnung ohne das Ehepaar Habersatter aus München gemacht, das gerade in Richtung Kanzalpe unterwegs war.

Die Burschen hatten die Beute in den Rucksäcken verstaut und waren ein Stück des Weges durch's Gebüsch geschlichen. Auf einmal kam sie der sehnliche Wunsch nach einer Zigarette an. Zigaretten waren da, aber kein Feuer. Eine Weile versuchten sie, mit Hilfe des Fernglases, die Sonne als Feuerspenderin zu benützen, aber sie stand noch zu tief. Schon wollten sie aufgeben, als es in den Büschen knackte und zum maßlosen Entsetzen der Männer das Touristenehepaar vor ihnen stand. Das heißt, das Entsetzen war auf der Gegenseite noch viel größer. Entgeistert starrten Herr und Frau Habersatter auf die wilden Gestalten, die da mit geschwärzten Gesichtern, auf denen das Tierblut dunkle Spuren gezogen hatte, mit umgehängten Rucksäcken, sonst aber völlig unbekleidet, vor ihnen standen. Der eine der Burschen trat einen Schritt auf die Wanderer zu und sagte höflich und so, als wäre es die selbstverständlichste Sache der Welt: „Verzeihen Sie, könnten Sie uns Feuer geben?" Herrn Habersatter fiel beinahe das Herz in die Hosen. Rasch kramte er in seiner Tasche, erwischte eine Schachtel Zündhölzer und warf sie in weitem Bogen dem nackten Mann zu. Dann ergriff er seine Isolde bei der Hand und zerrte sie, an den Burschen vorbei, den Hang hinauf. Die Männer aber klatschten sich gegenseitig auf die nackten Schultern und fielen beinah' um vor Lachen.

Die Erzählungen, die die Habersatters in der nahen Hütte dann zum Besten gaben, müssen etwas vom Verwegensten gewesen sein, das man dort jemals vernommen hatte. Noch viele Jahre ging die Mär um von den „nackerten Wilderern".

Der „direkte Draht“

In den ersten Jahrzehnten unseres Jahrhunderts war es nicht einfach, in Scharnitz zu leben. Die Gegend war rauh, die Berge nahe und das Tal, das fruchtbaren Boden barg, war schmal. Die Bauern führten ein beschwerliches Leben, ein eintöniges noch dazu. Den Fremdenverkehr, der heute auch dieses Gebiet entdeckt hat, gab es noch nicht. Man war in allem und jedem auf sich selbst gestellt. Stand einem der Sinn nach einer Unterhaltung, einer Unterbrechung des täglichen grauen Einerlei's, so mußte man sich schon selber etwas einfallen lassen. Und da war die Jagd mitunter das geeignete Mittel.

Es gab einige Familien in Scharnitz, die seit undenklichen Zeiten das edle Waidwerk ausübten. Es gab aber auch andere Familien, in denen man auf dem Standpunkt stand, der Herrgott habe sich Hirsche, Rehe und Gamsen nicht für einige wenige Privilegierte ausgedacht, sondern auch für den Kleinhäusler, den Habenichts. Dieser konnte in der Regel weder die finanziellen Mittel aufbringen, noch die Anforderungen erfüllen, die zum Beispiel bei der Jägerprüfung an seinen Geist gestellt wurden, und so blieb ihm nichts anderes übrig, als unter die Wilderer zu gehen. Man nahm es kaum zur Kenntnis, daß die Jagd ohne entsprechende Erlaubnis ein schweres Vergehen war. Nur allzu gern erlag man seiner Leidenschaft, und konnte, wurde man erwischt, immer noch die wirtschaftliche Not ins Treffen führen. Gewiß, es gab so manche Familie im Tal, bei der ohne die mehr oder weniger regelmäßige Zufuhr an Wildfleisch, das der Vater, der Bruder, der Sohn heimlich anschleppte, Schmalhans Küchenmeister gewesen wäre. So fügte es sich für den Ernährer auf das Trefflichste, daß er sein Gewissen beruhigen konnte, wenn er auf verbotenen Pirschgang auszog. Die Methoden wurden entsprechend raffiniert, mit denen man Gendarmerie und Jägerschaft täuschte.

Einer der Männer, die da heimlich des Nachts loszogen, um gegen Morgen mit reicher Beute heimzukehren, hatte sich etwas Besonderes ausgedacht. Er tarnte seine „Ausflüge“ in die nähere Umgebung als Radtouren. Vom Wirtshaustisch aus ließ er die Mär verbreiten, er sei ein begeisterter Radfahrer, was zu jener Zeit und in jenem abgelegenen Tal durchaus nicht selbstverständlich war. Lange Zeit fiel es niemandem auf, daß der Gepäckträger des Rades bedeutend schwerer bei der Rückkehr beladen war als bei der Ausfahrt. Nachdem es aber im Hause des wackeren Radfahrers auch manchmal während der Woche nach frischgebratenem Fleisch roch, wurden die Jagdorgane mißtrauisch.

„Mir g'fallt des einfach nit, daß der Joseph so oft mit'm Radl unterwegs is. Mir miaßt'n uns eppes einfallen lassen, ihn z'kontrollieren", sagte der Jagdaufseher zu seinem Gehilfen.

„Ja, aber was? Der Joseph is scho so schlau, daß er uns auskimmt", war die Antwort.

„Mir miaß'n ihm a Fall'n stellen", meinte der Ältere. „Nacha hätt' mer'n."

Eine Nacht lang grübelte der Waidmann darüber nach, welcher Art die „Fall'n" sein müßte. Gegen Morgen hatte er es. Er besorgte sich ein langes starkes, aber sehr dünnes Drahtseil. Das versteckte er in einem Gebüsch an der Straße nach Mittenwald.

Gegen Abend bestieg, wie schon so oft, der Kuntner Joseph seinen Drahtesel. Er fuhr in Richtung Mittenwald. Hoch droben am rechten, steilen Berghang wußte er eine Stelle, wo regelmäßig Gamsen standen. Das Fahrrad versteckte er im Gebüsch, dann stieg er auf und erreichte eine abgelegene Hütte, in der er, unter Brettern vergraben, seine Waffe verwahrte.

Das Glück war dem Kuntner hold — drei Stunden später kniete er neben der Beute, einem kapitalen Gamsbock. Nur mit äußerster Mühe konnte der Wilddieb das Tier bis zur Hütte schleifen, wo er es schließlich mit einem Küchenmesser zerteilte. Das ganze Stück abzutransportieren, wäre ihm doch zu gefährlich gewesen. Mit ein paar schönen Stücken im Rucksack kehrte er zur Straße zurück. Im aufgehenden Licht des Morgens nahm er sein Fahrrad, das er frohgemut bestieg, in dem Bewußtsein, nicht nur eine prächtige, erfolgreiche Nacht verbracht zu haben, sondern mit der Beute auch seine Familie ernähren zu können. Munter pfeifend radelte er dahin.

Hinter einer Kurve standen die beiden Jäger, jeder auf einer Straßenseite. Über die Straße hatten sie das Drahtseil gespannt. Die Männer hatten in den Büschen Deckung genommen, doch der Draht war so dünn, daß er fast nicht auszunehmen war. So kam es, daß der Wilddieb mit frohem Pfeifen mitten in die „Fall'n" radelte, die der Jäger ihm gestellt hatte. Mit dem Kopf voraus flog er über's Rad, der Rucksack löste sich vom Gepäckträger und polterte hinter ihm her.

Mit Windeseile stürmten die Jäger aus ihren Verstecken und warfen sich auf den Wildfrevler und seine Beute. Während der eine dem Rucksack das corpus delicti entriß, verpaßte der andere dem Wilddieb eine solche Tracht Prügel, daß dieser schwor, es wäre dies seine letzte „Radtour" gewesen. So viel man hörte, hat er sich daran gehalten.

Der Wildererschreck vom Stubaital

Heute ist Ludwig Ribis ein alter Herr. Gemächlich seine Pfeife rauchend, sitzt er vor seinem Häuschen hoch oben am Berg, oberhalb von Neustift und genießt den herrlichen, weiten Blick hinein ins Stubaital. Er kann es sich leisten, auszuruhen und mit weisem Lächeln auf die Vergangenheit zurückzuschauen, denn er hat ein reiches, erfülltes Leben hinter sich. „Mein Gott", denkt er, „was waren das für harte Zeiten, damals, als die Mami und ich noch jung waren! Wie oft sind wir nachts in unseren Betten gelegen und konnten nicht einschlafen, weil der Hunger uns geplagt hat. Das, was wir hatten, bekamen unsere Kinder, denn die haben's noch nötiger gehabt wie wir. Eine Suppe aus Kartoffeln vom eigenen kleinen Ackerle — und wenn es für jeden ein Stück Brot gab, dann sind wir uns schon reich vorgekommen. Der Jagdherr, für den ich damals gearbeitet hab', der hat ein Herz gehabt aus Stein. Ohne mit der Wimper zu zucken hat er zugeschaut, wie wir Hunger gelitten haben, und nicht ein einzigesmal in den vielen Jahren hat er mich aufgefordert, ein Stück Wild, das ich erlegt hab', mit nach Hause zu nehmen. Nicht ein einzigesmal! Viele Leute im Dorf haben damals zu mir gesagt, ich sollt' nicht blöd sein, und halt einfach ab und zu eine Gams zurückbehalten. Aber nein, das hat's bei mir nicht gegeben, niemals! Wildern gehen im eigenen Revier, ein Stück Wildbret mitgehen lassen — nie und nimmer! Lieber hab' ich's zugelassen, daß die Mami in die Beeren gegangen ist und in die Pilze und daß die Kinder eine Arbeit angenommen haben, kaum daß sie dazu fähig waren. Harte, bitterharte Zeiten sind das gewesen, aber mein Gewissen ist immer rein geblieben. Und so war es auch in meinem Verhalten den Wilderern gegenüber. So manchen, den ich meiner Lebtag lang gekannt hab', mußte ich zur Anzeige bringen, so leid es mir getan hat — aber es war meine Pflicht. Schließlich hab' ich das Amt übernommen und es ausgeübt bis ins Alter hinein."

So sitzt er da, und denkt über alles nach, der Ludwig Ribis in Neustift. Seinerzeit war er der erste Wildmeister im Bezirk Innsbruck-Land südlich des Inn. Seiner guten Konstitution, seiner Erfahrung und seinem Wissen hat er es zu verdanken gehabt, daß er den Posten bekommen hat. Vorher war er Bergführer gewesen, und von seinen vielen Touren her kannte er das Gebiet rund ums Stubaital in- und auswendig. Mit Urlaubern oder ohne — der Ludwig war ständig unterwegs. Noch heute erzählt man sich im Tal von einer Gewalttour, die er als Zwanzigjähriger innerhalb eines einzigen Tages unternommen hat, und die ihm bis heute niemand nachgemacht hat. Um drei Uhr früh ist er mit Gästen in Milders, wo er daheim war, aufgebrochen und hat folgende Route genommen: zur Breslauer Hütte, über Urkund auf die Wildspitze, den normalen Abstieg zurück bis nach Vent im Ötztal. Dort trennten sich seine Gäste von ihm und zahlten ihn aus. Er marschierte nun von Vent nach Sölden, durch's Windachtal hinein zur Hildesheimer Hütte, Schaufeljoch, zur Dresdener Hütte und hinunter nach Ranalt. Bis dorthin machte er alles zu Fuß; erst in Ranalt bestieg er sein Fahrrad und radelte nach Schönberg zu seiner Braut. Um halb elf Uhr nachts kam er dort an und gab zu, „a bißl miad" zu sein.

Schon, als er sechzehn war, machten ihm lange, schwierige Touren nichts aus. So erzählt er heute noch, wie er mit seinem Vater und einem Aufsichtsjäger namens Heinrich das erstemal auf einen Gletscher gegangen ist. Sie waren um drei Uhr früh aufgebrochen und zur Nürnberger Hütte aufgestiegen, sodann gegen das Simmering-Jöchl. Zu dieser Zeit gab es Gemsen nur mehr sehr hoch oben. Weiter unten waren die Reviere total ausgeschossen. Also mußte man, um sie zu erlegen, schon auf die höchsten Höhen und Gletscher vorstoßen, über die sich die Gemsen regelrechte kleine Pfade getreten hatten. Dem jungen Ribis war die Pflicht auferlegt worden, die Gemsen zu treiben, bis sie in die Schußlinie des Aufsichtsjägers kamen. Dazu hatte man ihm einen uralten deutschen Stutzen in die Hand gedrückt, bei dem freilich das Krachen das Wichtigste war. Den ganzen Tag über kraxelte also der Bursche in steilem, unwegsamem Gelände herum. Er hatte nicht einen Bissen Eßbares bei sich, und keinen Tropfen Wasser. Als es dunkel wurde, hatte er den Vater und den Jäger verloren und wußte nicht, was er nun tun sollte. Er war schon einundzwanzig Stunden unterwegs und hundemüde. Kurz entschlossen stieg er in der Dunkelheit ab bis zu einem Weg, den die beiden Männer benutzen mußten, um ins Tal zu kommen. In seiner Müdigkeit legte er sich quer über diesen Weg und schlief sofort ein. Und seine Rechnung ging auf: der Vater und der Jäger stolperten über den fest schlafenden Burschen und „klaubten" ihn erschrocken auf.

Später hat er zumindest was das Mitnehmen von Proviant anbetrifft, aus diesem Erlebnis gelernt und ist nie losgezogen, ohne eine Flasche mit Ziegenmilch im Rucksack zu haben. Ludwig war also bestens gerüstet, im grünen Rock Berg und Tal zu durchstreifen. Dazu war er außerordentlich intelligent und besaß die seltene Gabe des Kombinierens. Wenn man ihn heute fragt, worauf er es zurückführt, daß er nicht weniger als achtunddreißig Wilddiebe geschnappt hat, so zählt er gerne diese Eigenschaften auf.

Da ist zum Beispiel das Erlebnis, das er mit dem Hußl hatte, und das ihm beinahe das Leben gekostet hätte. Er war im Pinnistal auf Pirsch gewesen,

Ludwig Ribis aus Neustift im Stubaital war ein Leben lang hinter Wilddieben her. „Siebzig Prozent meiner Tätigkeit als Aufsichtsjäger mußte ich zum Aufspüren und Dingfestmachen von Wilderern verwenden."

war an der Innsbrucker Hütte vorbeimarschiert und hatte sich dort wieder einmal von dem herrlichen Blick faszinieren lassen. Dies hier ist ein geologisch hochinteressantes Gebiet an der Grenze von Urgestein und Kalkbergen, die sich linker Hand in zackigen Formationen gegen den Himmel strecken. Ribis liebte diese Gegend besonders, die einen der Übergänge zum Gschnitztal bildet. Er war noch ganz trunken von dem Anblick, als ihm unerwartet der Hußl begegnete, in dem Ribis schon lange einen Wilderer vermutete. Der Mann kam ganz harmlos daher, aber sein Rucksack sah verdächtig breit aus, so als ob ein sogenannter „Abschrauber" (Gewehr mit abschraubbarem Lauf) drin wäre. Offenbar war der Hußl erst auf dem Weg ins Revier, denn er hatte keine Beute bei sich.

„Nacha, Hußl, wo gian mer denn hin?“ fragte Ribis.

„In die Bergmahd aufi, da muaß i den Zaun flicken“, war prompt die Antwort.

„Zaun flicken? Naa, naa, Hußl, des nimm i dir nit ab. I bin nämlich grad bei deiner Bergmahd vorbeikemmen — der Zaun is scho g'flickt. Du bisch wegen ganz was andern auf'm Weg. Kimm, nimm amal dein Rucksack runter, der schaut mir höchst verdächtig aus!“

„Du hasch gar koa Recht, mi z'filzen, du Grianrock, du mieser!“

„Her mit'm Rucksack oder...“

In dem Augenblick zog Hußl ein Messer und ging auf den Ribis los. Der stieß das Messer mit einem harten Handkantenschlag weg, so daß es zu Boden fiel. Nun machte der Ribis einen Fehler, der ihm leicht hätte das Leben kosten können: er bückte sich nach dem Messer, um den offenbar zu allem Entschlossenen an weiteren Angriffen zu hindern. In diesem Augenblick versuchte es Hußl mit dem Eispickel, den er gerade auf den Jäger niedersausen lassen wollte. Aber Ribis war auch diesmal der Schnellere, wich dem Schlag aus und sprang den Mann an. Mit einer Hand fuhr er ihm an die Kehle, mit dem Fuß stieß er vor und schlug dem Gegner das Standbein weg, so daß er zu Boden stürzte. Er fiel nach rückwärts und mit voller Wucht auf den Lauf des „Abschraubers“, den er tatsächlich im Rucksack hatte. Dieser Sturz war so schmerzhaft, daß er für einige Augenblicke wie benommen war, die Ribis dazu benützte, um den Gegner kampfunfähig zu machen.

Bei der Perlustrierung kam das umgebaute Gewehr zum Vorschein. Das allein genügte Ribis, den Mann an Ort und Stelle zu verhaften. Er ließ sich ohne Widerstand von Ribis zum Gendarmerieposten bringen. Und obwohl er keine Beute bei sich hatte, und auch nicht bei einer entsprechenden Tat ertappt worden war, wurde er zu drei Monaten Arrest verurteilt. Der Umstand, daß er schon das zweitemal erwischt worden war, nahm den Richter gegen ihn ein. Zudem war die zweimalige Tötungsabsicht, einmal mit dem Messer, einmal mit dem Eispickel, gegeben und konnte nicht abgestritten werden.

Wie menschlich nett aber Ribis bei aller Strenge sein konnte, zeigte sich, als es in der Hußl-Sache zur Besprechung vor dem Richter kam. Der Hußl war seit einer Woche in Untersuchungshaft und hatte dort keine Zigaretten bekommen, was für ihn als starken Raucher eine zusätzliche Strafe bedeutet hatte. Bei der Verhandlung zog Ribis mechanisch seine Zigaretten heraus und steckte sich eine an. Mit gierigem Blick hing der Angeklagte an dem Glimmstengel, bis es der Ribis bemerkte und ihm einen anbot. Dem harten Burschen

Oben: Kleinkaliber-Gewehr mit Schalldämpfer und einer Vorrichtung zum Aufsetzen eines Zielfernrohres.

Mitte: Wilderer-Stutzen mit Kipplauf. In das vordere Ende des Laufes wurde ein Gewinde geschnitten um einen Schalldämpfer anzubringen.

Rechts: Aus Zinkblech, Filz und Leder selbstgefertigte Schalldämpfer.

Hußl schoß das Rot der Überraschung in die Wangen und er griff hastig nach der angebotenen Zigarette.

„Naa, naa, nimm dir lei alle!“ sagte der Ribis gutmütig. „Du, Hußl, aber des sag' i dir: wenn'd ausser bisch aus'm Schumpus, nacha muaßt mi auf der Straßen griaßen!“ Der Hußl hat Wort gehalten. In zweifacher Hinsicht: einmal hat er von dort an den Ribis gegrüßt, und zum zweiten hat er das Wildern bleiben lassen.

Immer wieder war es seine gute Beobachtungsgabe, die dem Ribis beim Wildererpassen Erfolg ermöglichte.

So auch an jenem Tag, als er von der Pfandler Alm herunterkam und gegen Ranalt marschierte. Der erste Schnee bedeckte Wiesen und Hänge. Der Ribis war nicht gerade guter Laune, denn vor ein paar Stunden hatte es oben „geschnellt"; er war zwar auf zwei nebeneinanderlaufende Spuren gestoßen, aber das war auch alles, was er an Erfolg buchen konnte. Aber rein gefühlsmäßig hatte er einen bestimmten Verdacht, nämlich die beiden Brüder Winkler, die sich in letzter Zeit recht merkwürdig benahmen.

Und richtig, nach einiger Zeit kam ihm am Weg nach Ranalt der Andrä Winkler auf seinem Fahrrad entgegen. Sehr demonstrativ hatte er eine Hacke über der Lenkstange liegen, was den Jäger sofort stutzig werden ließ.

„He, du, wo fahrst denn hin?" sprach er ihn an.

Winkler hielt das Rad an, deutete auf die Hacke und sagte: „I fahr Birken hacken."

„Aber nit mit dem Hackele da, des is ja lei a Spielzeug. I glaub', du tuasch mi anliag'n. Zeig amal dein' Rucksack her!"

Winkler nahm langsam den Rucksack ab. Der barg keine Überraschung: der Ribis hatte es ohnehin schon bemerkt, daß er genau die richtige Breite für einen Abschrauber hatte. Trotzdem wurde der Jäger wütend. „Du bist schon wieder unterwegs in die Gamsen! Dir werd' i aber's Handwerk legen!"

„Jetzt schau decht amal genau hin — da fahlt ja a ganzes Trumm. Mit dem Stuck da könnt i gar nie nit schiaß'n."

Und richtig, der Ribis mußte es zugeben: ein Stück des Gewehrlaufes fehlte. Somit war die Waffe nicht einsatzfähig und sein Vorsatz, den Mann vom Radl weg zu verhaften, fiel ins Wasser. Wohl oder übel mußte er den Burschen abziehen lassen.

Nach ein paar Metern wurde es dem Jäger klar, daß er einen Fehler gemacht hatte. Der Bruder vom Andrä war garantiert noch draußen; der Andrä war jetzt bestimmt unterwegs, um ihn zu warnen.

Für alle Fälle marschierte Ribis zum Gendarmerieposten und bat den Beamten, mit ihm zusammen beim Haus der Winkler auf deren Heimkehr zu warten. Es wurde ein langer Abend, denn die Dämmerung brach schon nach halb fünf Uhr ein. Ribis und der Gendarm hatten sich in eine Mauernische gedrückt, von der aus sie den Eingang des Hauses kontrollieren konnten. Sie froren elendiglich, aber wagten es nicht, ihren Posten zu verlassen. Gegen elf Uhr knirschten die Räder eines Fahrrades auf der Straße. Ribis und der Gendarm sprangen vor, und hielten den späten Heimkehrer an. Es war der Bruder vom Andrä. Sie zwangen ihn, die Haustüre aufzuschließen und mit ihnen in die Küche zu gehen. Dort nahmen sie ihm den Rucksack ab. Offensichtlich hatte es mit dem Warnen doch nicht so ganz geklappt, denn der Bruder hatte nicht nur die zerlegte Waffe, sondern auch ein Rehkitz im Rucksack. Alles Leugnen half nichts; noch in derselben Nacht wurde er in sicheren Gewahrsam und später vor Gericht gebracht.

Ähnlich erging es einem anderen Wilderer, dessen Ergreifung auch auf die Schlauheit des Ludwig Ribis zurückzuführen war. Der hatte eines Wintertages drinnen im Tennental eine Schleifspur entdeckt, die auf einen Wilddiebstahl schließen ließ. Sie war ziemlich breit und tief in den weichen Schnee eingedrückt, so daß Ribis auf einen Hirsch schloß. Er ging der Spur nach, und plötzlich fand er, in ihrem Abdruck liegend, ein kleines Büschel rötlichbrauner Haare. Das konnte wirklich nur ein Hirsch gewesen sein, denn nur dieser verliert so leicht die Haare, wenn er geschleift wird. Der Jäger verfolgte die Spur weiter und hoffte, sie würde ihn zu den Tätern führen. Aber leider war das vorerst ein Trugschluß, denn die Schleifspur hörte plötzlich auf. Ein wenig Schweiß hatte den Schnee rot gefärbt. Ribis war seiner Sache sicher, denn er hatte auch schon einen bestimmten Verdacht.

Am nächsten Tag setzte er seinen Schweißhund auf die Fährte an, und siehe da, der treue Gefährte seiner Pirschgänge lief eilends ins Tal hinunter. Dort freilich wurde es für Bello schwierig. Aber Ribis wollte nicht von seinem Verdacht lassen und auf alle Fälle einmal beim Simmerl hineinschauen. Dort saß gerade die ganze Familie beim frühen Mittagessen. Der Ribis grüßte, setzte sich auf die Ofenbank und fragte den Simmerl so beiläufig: „Du, Simmerl, wo bisch denn du gestern nachmittag g'wesen?"

„Wegen an Schafl im Tennental."

„Was für a Farb' hat denn des Schafl g'habt?"

„Weiß."

„Und nit rostbraun, ha?" Triumphierend zog der Ribis das Schüppel Hirschhaare aus der Tasche.

Der Simmerl war blaß geworden. Seine Muskeln am Hals spannten sich unnatürlich und die Fingerknöchel der Hand, mit der er die Tischplatte umkrallte, waren weiß. Das sagte dem Ribis alles. Zu viele Missetäter hatte er schon in ähnlichen Situationen erlebt. Er sagte es dem Simmerl auf den Kopf zu, daß es kein Schafl, sondern ein Hirsch gewesen sei, dessen Spur da zu seinem Hof geführt hat. Der Simmerl wollte leugnen, aber sein Weib, dem er sich offenbar vorher anvertraut hatte, verriet alles. Sie klärte auch auf, wieso die Spur plötzlich geendet hatte. Der Simmerl war mit einem gleichgesinnten Kumpan ins Tennental gezogen, hatten den Hirsch erlegt und sie hatten ihn zu zweit durch den Schnee geschleift. Plötzlich war ihnen klar geworden, daß sie sich damit verraten könnten; sie hatten Halt gemacht, den

Hirsch geschränkt und so ins Tal hinuntergetragen. Dort hatten sie ihn in einem Schober versteckt und in der Nacht auf den Hof transportiert.

„Und wo is der Hirsch jetzt?" fragte der Ribis streng.

„Ja nacha, wenn'd eh alles woasch, nacha kimm halt mit", sagte die Frau und führte den Jäger in die Tenne. Dort stand ein mächtiger Strohstock, in dem die Frau zu wühlen begann. Schon nach wenigen Augenblicken kam das mächtige Haupt mit dem starken Geweih zum Vorschein. Es war der beste Hirsch des Tennentales, ein Kronenzwölfer, auf den der Jagdherr des Ribis schon seit langem scharf war.

Dem Simmerl half alles nichts, er mußte noch zur selben Stunde mit dem Wildmeister zur Gendarmerie wandern. Die Fortsetzung folgte für mehrere Monate in der „Schmerlinger Alm", dem Landesgericht zu Innsbruck (Schmerlingstraße).

Billiger weg kam ein anderer Wilderer, dem der Ribis oberhalb des Obernberger See's auflauerte. Er war vom großen Kar heruntergekommen, als er plötzlich unten zwischen den Steinen etwas Längliches liegen sah, das einem Menschen verdächtig ähnlich sah. Der Jäger schlug einen großen Bogen und schlich sich vorsichtig von hinten an den Mann an. Der hatte vor sich ein „Wartl", eine kleine Schießscharte aufgebaut, ein Steinmäuerle, auf das er sein Gewehr legen konnte. Der Mann hatte sich offenbar auf eine lange Wartezeit eingerichtet. Das „Wild", auf das er es abgesehen hatte, waren jene kleinen Tiere, die es im Gebiet des Obernberger Sees früher in reicher Zahl gab, und die originellerweise in den verschiedenen Gegenden verschiedene Namen haben. Im Hochdeutschen heißen sie Murmeltiere, im Oberland Irgamenten oder Murmenten, im Stubai Marmenten, im Wipptal Urimenten, in der Schweiz Furmenten und in Bayern Mankei. Diese possierlichen kleinen Tiere stehen bei Bauern und Apothekern in hohem Ansehen. Ihr Fett wird gegen allerlei Krankheiten angewendet, weshalb es gar nicht wenige Wilderer gibt, die sich geradezu auf Murmeltiere „spezialisiert" haben, die jedoch wie jedes andere Wild den Gesetzen des Jagdschutzes unterliegen.

Der Mann, der da der Länge nach zwischen den Steinen lag, hatte es ganz offenbar ausschließlich auf Murmeltiere abgesehen. Er war so vertieft in das Passen vor dem Bau, daß er das Herannahen des Jägers überhaupt nicht bemerkte. Als der Ribis nah genug heran war, streckte er die Hand aus und packte damit den Wilderer am Bein. Der wirbelte herum wie von einer giftigen Viper gebissen. Aus seinem Gesicht war jede Farbe gewichen.

Noch heute, dreißig Jahre später, sagt der Ribis, wie leid der Mann ihm getan hätte und daß er sich geschworen hätte, „so eppes" nie wieder zu tun, denn wie leicht könne den Menschen dabei der Schlag treffen.

Merkwürdigerweise hat Wildmeister Ribis an genau derselben Stelle nach zwei Jahren den Bruder des ersten Wilderers bei der gleichen Straftat ertappt. Beide kamen der Geringfügigkeit der angepeilten Beute wegen mit Verwarnungen davon.

Ähnlich glimpflich davon kamen zwei andere Wilddiebe, die allerdings schon des öfteren in unliebsamer Weise mit dem Ribis zusammengekommen waren. Er hatte sie bereits zweimal hinter Schloß und Riegel gebracht, aber offenbar konnten sie es einfach nicht lassen. Das Merkwürdige an der Geschichte war, daß sie sich selbst verrieten. Und das war so: eines Tages paßte Ludwig Ribis in der Nähe der Falbesoner-Alm auf einen Bock. Vorsichtig schlich er durch's Gelände, bis er plötzlich wie gebannt stehenblieb. Waren das nicht Stimmen? Er pirschte sich näher heran und wollte es kaum glauben: auf einmal hörte er seinen Namen. Eine Männerstimme sagte: „... und was tun wir, wenn uns der Ribis dabei erwischt?" — „Den schlag' i her, wenn der nur in meine Näh kimmt!" rief eine andere, gleichfalls tiefe Stimme. Der Jäger hatte genug gehört. Er sprang aus der Deckung und lief mit einigen hastigen Sprüngen auf die beiden Männer zu.

„So, es habt's wohl a schlecht's Gewissen, daß es so an Angst habt's vor mir!" rief er aus. Die beiden Männer standen da, erstarrt vor Schreck.

„I woaß gar nit, was du moansch", sagte der eine schwach.

„Jetzt stell di nit so dumm, du woasch genau, daß i dir schon a ganze Weil' nachspionier'! Aber jetzt langt's mir! Macht's enkere Rucksäck auf, aber g'schwind!" Der Wildmeister sagte es in strengem Befehlston.

Den Ertappten blieb nichts anderes übrig, als die Rucksäcke zu öffnen. Bei beiden lagen obenauf Beerenkampl, die offenbar zur Tarnung hätten dienen sollen. Von Beeren aber war in den Rucksäcken keine Spur. Wohl aber hatte der eine eine kleine Kiste bei sich, und in dieser steckte eine auseinandergeschraubte Büchse. Diese beschlagnahmte der Jäger noch an Ort und Stelle und brachte die beiden verhinderten Wildschützen ins Tal hinunter, wo er sie der Gendarmerie übergab. Dem Vernehmen nach soll das für beide Männer der letzte verbotene Pirschgang gewesen sein.

Wie wenig nachtragend der Ribis war, zeigte sich jeweils nach der Entlassung der von ihm Angezeigten. In fast allen Fällen kam es zu einem kleinen Akt der Versöhnung, wenn die Missetäter das erstemal nach Haftverbüßung in Neustift, dem Wohnsitz des Ribis, am Sonntag die Messe besuchten. Dann gingen sie meistens auf den Wildmeister zu, streckten ihm die Hand hin und sagten: „He, du, Ribis, was is, samma wieder guat?"

Und jedesmal nahm der Ribis die ausgestreckte Hand, schüttelte sie und sagte versöhnlich: „Ja, samma wieder guat. Aber des sag' i dir, wenn i di no amal erwisch', i loch di wieder ein!" Viele haben sich an ihr Versprechen gehalten, sich nie wieder etwas zuschulden kommen zu lassen, einige aber wurden wieder und wieder rückfällig. Manche Wildschützen hat der Ribis drei-, viermal gestellt.

Es gab im Leben des Ludwig Ribis aber auch Situationen, wo er ganze Horden von Wilddieben mit einem Schlag überraschen konnte. So erzählt

er noch heute voll Stolz, daß er einmal mit neun Wilderern zum Gendarmerieposten gezogen ist.

Wenn er heute Bilanz zieht über die zweiundvierzig Jahre, die er als Jäger gearbeitet hat, so stellt er fest, daß er ungefähr siebzig Prozent seiner Tätigkeit als Aufsichtsjäger zum Aufspüren und Dingfestmachen von Wilderern benötigte, und nur der Rest für die eigentliche waidmännische Arbeit blieb.

Wilderern in die Schuhe geschoben

Seit fünf Jahren hatte der Plattner seinen Posten als Aufsichtsjäger in der Jagd der beiden Berliner, Dr. Schwarz und Herr Muglach, die den weiten Weg von ihrer Heimat nicht scheuten, um in ihrem ausgedehnten Südtiroler Revier bei Algund, jagen zu können, hatten den Plattner gern und lobpriesen, wo es ging, seine Verdienste.

„Mensch, dat is eener, der hört et, wenn'n Reh'n Husten hat! Denn kommt er anjesaust und jibt ihm Hustensaft zu trinken. So eener is det!" pflegte Dr. Schwarz zu sagen, wenn in Jägerskreisen die Rede auf seinen Jäger kam. Und in der Tat: besonders tat sich der Plattner beim Hegen des Wildes hervor. Er scheute keine Anstrengung, um im Winter, wenn dicker Schnee die Berge bedeckte, hinauf zu stapfen, schwer mit Heu beladen, das er an den verschiedenen Futterplätzen verstaute. Kein Schrofen war ihm zu unwegsam, wenn es darum ging, Salzlecken für die Gemsen anzulegen. Manchmal fragten sich Dr. Schwarz und Herr Muglach, ob der Plattner denn überhaupt nie an Urlaub dächte. Aber wenn sie mit ihm darüber sprachen, lachte er nur und meinte: „Urlaub, zu was brauch' i an Urlaub! Des han i do 's ganze Jahr. Für mi gibt's lei oans, und des is des Wild. Alles andre is mir wurscht."

Im letzten Jahr freilich war etwas Neues dazugekommen. Immer wieder berichtete der Plattner den beiden Jagdherren bei ihren Besuchen, es müßten wohl Wilderer unterwegs sein, denn es fehle ihm so mancher Hirsch, so manches Reh im Revier, von dem er doch genau wußte, wo es stand.

„Dann passen se man besonders uff den prächt'jen Zwölfender uff, der janz oben in der Schneise steht! Den dürfen Sie man nich aus'm Ooje valieren, denn uff den hab ick persönlich 'n Kieker. Denn, wenn wa den valieren täten — Mann, denn mach ick Hackfleisch aus Ihnen!"

„Naa, naa, Herr Doktor, da ham's lei koa Angscht nit. Auf den Zwölfender, da paß i scho saggrisch auf!"

Mit dieser Auskunft gaben sich die beiden Herren zufrieden. Wenn sie wieder einmal in ihrem Revier weilten, stiegen sie gemeinsam hinauf auf die einsame, hochgelegene Waldlichtung und pirschten sich vorsichtig an Doktor Schwarzen's Zwölfender heran. Aber irgendwie kam jedesmal etwas dazwischen, und der Deutsche Nachbar kam nicht zu Schuß.

Es war Ende September und mitten in der Brunft, als Dr. Schwarz beschloß, es am letzten Tag seines Aufenthaltes in Tirol noch einmal zu versuchen. Gemeinsam mit Herrn Muglach stieg er gegen Abend den Berghang hinauf. Plötzlich hörten sie von oben einen Schuß, und gleich darauf noch einen.

„Mensch, Egon, mich hol doch der Deibel, wenn dat nich oben in der Schneise war! Da wird doch nich so'n Wilddieb uff mein' Zwölfender jeschossen haben! Ick dreh ihm höchst persönlich den Kragen um!"

Und schon eilten die beiden Herrn den Hang hinauf, so schnell die Bäuche es ihnen gestatteten. Mittlerweile war die Dämmerung angebrochen. Aber so viel konnten sie, als sie auf die Schneise kamen, doch erkennen, daß ein Mann neben einem prächtigen Hirsch am Boden kniete und sich an dem mächtigen Tier zu schaffen machte.

Trotz der bodenlosen Wut, die sie im Bauch hatten, pirschten sich die beiden Berliner mit aller gebotenen Vorsicht an den Wilddieb heran. Sie wußten, sie mußten seiner habhaft werden, koste es, was es wolle. Im Stillen verfluchte Dr. Schwarz den Plattner, der ihm doch hoch und heilig versprochen hatte, gerade diesen Hirsch vor jedem widerrechtlichen Zugriff zu schützen, aber er beschwichtigte seinen Unmut mit dem Gedanken, daß ja unmöglich sein Aufsichtsjäger überall zu gleicher Zeit sein könne.

Sie waren schon fast an den Wilderer herangekommen, als unter ihren Füßen ein Ast knackte. Der Wilddieb blickte auf, warf das Messer fort, mit dem er gerade das stolze Haupt des Hirsches abtrennen wollte und griff nach seinem Gewehr.

„Halt! Waffe weg!" donnerte Dr. Schwarz und eilte, so rasch er konnte, zum Ort der Tat. Von der Seite kam Herr Muglach angehastet. Der Wilddieb warf, als er sich so in die Enge getrieben sah, die Waffe weg, sprang auf und lief in Richtung Hochwald. Die beiden Männer ihm nach. Im Laufen gab Dr. Schwarz einen Warnschuß ab, der in die Äste der nächststehenden Buche klatschte. Der Wildschütz kümmerte sich nicht darum. Unbeirrt hastete er tiefer in den Wald hinein. Dr. Schwarz gab Herrn Muglach ein Zeichen, er solle von rechts dem Mann den Weg abschneiden. Mittlerweile aber war es beinahe dunkel geworden, und sie taten sich nun schwer, den Flüchtenden nicht ganz aus den Augen zu verlieren. Plötzlich war er wie vom Erdboden verschwunden.

„Hinter diesem Felsbrocken muß er stecken", dachte Dr. Schwarz und machte sich vorsichtig an einen riesigen Stein heran, der ihm den Weg versperrte. In diesem Augenblick sprang der Gesuchte wie ein Panther von dem Stein herunter, warf sich auf den Deutschen und zwang ihn zu Boden. Aber der Angreifer hatte nicht mit den Kräften des Stadtherren gerechnet. Dieser landete einen rechten Haken auf dem Kinn des Mannes, so daß dieser leicht taumelte. Diesen kurzen Moment benützte Dr. Schwarz, um seinen Freund, Herrn Muglach, mit einem raschen Zuruf zu informieren. Offenbar hatte der

Wilddieb nicht mit beiden Gegnern gerechnet, denn er zögerte einen Augenblick, ehe er sich mit seinem ganzen Körper auf Dr. Schwarz warf. Aber da war schon Herr Muglach zur Stelle. Zu zweit konnten sie den Wilddieb, der offenbar über große Körperkräfte verfügte, bezwingen. Das Gesicht des Wilderers lag im raschelnden Laub der Buchen, die Arme hatten sie ihm auf den Rücken gedreht, Dr. Schwarz hockte auf seinem Rücken. Der Wilddieb stöhnte leise: „I kriag koa Luft nit!"

Dr. Schwarz fuhr bei diesen Lauten auf, als hätte eine Hornisse ihn gestochen. Die Stimme, oh Gott, die Stimme kannte er doch! Er gab Herrn Muglach einen Wink, ihm seine Taschenlampe zu reichen. Mit dieser leuchtete er dem Wilderer ins Gesicht. Es war von einer Maske verdeckt, nur die Augen schauten heraus. Aber das bißchen, das er sah, reichte Dr. Schwarz vollkommen: es war der Plattner, der da vor ihm im Laub lag! Er riß ihm die Maske herunter.

„Plattner, sind Sie wahnsinnig geworden? Sie wildern in *meinem* Revier?" Und schon holte er aus, und schlug voll Wut dem Plattner ins Gesicht. Dann beutelte er ihn, daß dem Mann Hören und Sehen verging. „Mein Hirsch, mein Zwölfender! Und jerade uff den hätten se soll'n besonders uffpassen! Wie haben wir Ihnen vertraut und jetzt dies!" Dr. Schwarz war so über alle Maßen aufgeregt, daß dem Plattner gar nichts anderes übrig blieb, als alles zu gestehen. Seine unzähmbare Jagdleidenschaft, die er eben als Jäger und Heger nicht genügend austoben konnte und seine frühe Jugend, die ihn des öfteren in fremde Reviere getrieben hatte, ohne daß man ihm jemals etwas nachweisen konnte.

Nun aber war es zu Ende mit dem Plattner. Die beiden Jagdherren führten ihn hinunter ins Tal und übergaben ihn auf der Stelle den Carabinieri in Meran. Die interessierten sich noch am selben Abend sehr für Plattners Behausung, und was die Beamten dort in den verschiedensten Verstecken entdeckten, verschlug ihnen einfach die Sprache: drei prachtvolle Hirschgeweihe, sieben Trophäen von Rehböcken und acht Gamskrickel sowie mehrere Gamsbärte und Wilddecken.

Beim Verhör gab der Plattner zu, schon seit vielen Monaten im Revier seiner Arbeitgeber Wild erlegt zu haben, das gar nicht zum Abschuß freigegeben war. Man gab ihm deshalb einige Monate Zeit, in einer Gefängniszelle von Bozen über seine Leidenschaft nachzudenken.

Das Sellrainer Tuifele

Die Briennerin war in ihren jungen Jahren eine hübsche und stattliche Person. Sie hatte kohlschwarze Haare und dunkle, blitzende Augen, die wild ins Funkeln kommen konnten, wenn sie in Feuer geriet. Als lediges Kind war sie in dem kleinen Dorf im Sellrain nicht geachtet und hatte Mühe, sich durchzuschlagen. Ihr gutes Aussehen hatte ihr zu keiner Erleichterung verholfen — im Gegenteil: ein Bangger (lediges Kind) hatte es ihr eingetragen. Nun fingen Müh' und Plag' erst recht an. Als ständige Magd wollte keiner sie haben, — wollte sich doch niemand auch das fremde Kind aufladen. Und keiner mochte mit der Briennerin unter einem Dach leben. Sie war eine Hexe. Das wußte man im Dorf schon zu der Zeit, als sie noch jünger war und mied sie aus diesem Grund. Ganz schlimm aber wurde es in ihren späteren Jahren. Da hieß sie allgemein im Sellrain nur die Briennerhexe, und viele von den alten Leuten dort werden sich noch erinnern, von ihr reden gehört zu haben. (In diesem Fall ist „Brienner" der wirkliche Name der betreffenden Frau gewesen, und auch das „Tuifele" ist nur unter diesem Namen im Sellrain bekannt — kein Mensch weiß, wie er wirklich geheißen hat.)

Mit der Briennerin hatte es eine eigene Bewandtnis. Sie streifte in den warmen Jahreszeiten wochenlang durch die Gegend, trug ihr Kind in einem Tuch am Rücken, später führte sie es an der Hand. Festen Unterstand hatte sie keinen, und wollte es auch gar nicht. Sie schlief im Freien, sie ernährte sich und das Kind von Beeren, Schwämmen und — Kräutern. Den Kräutern gehörte ihre Leidenschaft. Ganz aus sich heraus und ohne jegliche Anleitung war sie draufgekommen, welche Kräuter gut und welche böse waren, welche gegen Husten halfen und welche gegen das Fieber. Im Laufe ihres langen Lebens legte sie sich ein großes Wissen über die Kräuter des Hochgebirges zu.

Die Kräuter waren es auch, denen sie ein gewisses, wenn auch ungeregeltes Einkommen verdankte. Sie brachte sie in die nächstgelegenen Dörfer und Marktflecken, ja sie kam bis nach Innsbruck damit. Zu dieser Zeit — es war das Ende des vorigen Jahrhunderts — gab es weder Drogerien noch Fachgeschäfte, die sich auf heilkräftige Kräutermischungen und Tee's spezialisiert hatten. Deshalb nahm man in bestimmten Kreisen das Wissen der als heilkundig bekannten Briennerin gern in Anspruch. Dies umso mehr, als man bei dem Besuch der Frau gleich erfahren konnte, wie es in den nächsten Tagen mit dem Wetter ausschauen würde, wann der Mond günstig stehe zum Bohnensetzen und wann zum Haareschneiden. Die Briennerin hatte da ihren „heißen Draht", wie wir heute sagen würden. Durch ihren ständigen Aufenthalt in Gottes freier Natur wußte sie über Dinge Bescheid, die den Stadtmenschen als Wissen verloren gegangen waren. Ein bißchen liebte sie es auch, einen gewissen Hokuspokus anzuwenden; dazu kam ihr dunkles, fremdländisches Aussehen, und so konnte es nicht ausbleiben, daß sie nach und nach den Ruf einer Hexe bekam. Das störte sie jedoch nicht im mindesten. Im Gegenteil, sie war Individualistin genug, sich in diesem Ruf auch noch zu sonnen. Sie war und blieb eine Einzelgängerin, bis zu ihrem Tode. Mit diesem rang sie viele Wochen, und ihr Sterben war so schwer, daß der Pfarrer nachher behauptet hat, er hätte sie buchstäblich „mit'm Tabernakelschlüssel abschlag'n miaß'n. Ihre Seel' isch derart schwarz g'wesen, daß sie einfach nit hat entweichen können. Grad als hätt' sie a rundes Loch und a viereckige Seel' g'habt", so lautete der Ausspruch des Pfarrers.

Derselbe Pfarrer (es mußte ein geistlicher Herr mit überaus prägnanter Ausdrucksweise gewesen sein) war es auch, der in viel früheren Jahren, als die Briennerhex' noch jung war, ihren kleinen Buben „s' Tuifele" genannt hatte. Unter diesem wenig schmeichelhaften Namen ist der Bub herangewachsen, und ist ihn sein Lebtag nicht losgeworden. Seine kleine, schmächtige Figur und sein wilder Ausdruck mögen ihm zu diesem Namen verholfen haben, den er sich im Laufe seines Lebens dann auch redlich verdient hat. Das heißt, wenn man unter „redlich" das meint, was wohl das Tuifele darunter verstanden haben mag. Er schlug sich wie schon seine Mutter mit Gelegenheitsarbeiten durch; im Sommer arbeitete er als Senner, im Winter verdingte er sich als Heuzieher. Bei beiden Beschäftigungen konnte er in der freien Natur sein, und das war ihm die Hauptsache. Seine Bedürfnisse waren gering, und die des Leibes deckte er fast ausnahmslos mit Wild, das er in den Revieren der Umgebung widerrechtlich erlegt hatte. Das Tuifele hat es zustande gebracht, sein ganzes Leben lang von Hasen, Rehen, Hirschen und Gemsen zu leben, ohne auch nur einmal erwischt worden zu sein. Dabei war es merkwürdig, daß sämtliche Jäger des Tales von des Tuifele Leidenschaft wußten, aber es gelang ihnen nicht ein einzigesmal, ihm etwas nachzuweisen.

Im Sellrain erzählt man sich noch heute davon, wie das Tuifele auf Almhütten die Jäger bewirtet hat. Er gab ihnen Wildfleisch zu essen, das aus ihren eigenen Revieren stammte. Er hatte von seiner Mutter auch Kniffe und Tricks gelernt, wie man Wildfleisch so präparieren kann, daß es selbst der größte Feinschmecker für Rindfleisch hielt. So legte er Hirsch- und Rehfleisch tagelang in Buttermilch, bis es den Wildgeschmack verloren hatte.

Mit den Gemsen verfuhr er anders: er weidete sie aus und hing sie mitsamt der Decke tagelang in den Bach, so daß das Wasser ständig durch den Kadaver hindurchfloß. Was mag es für den Burschen eine Gaudi gewesen sein, wenn die Jäger sich nach gehabter Mahlzeit für das gute Rindfleisch bedankten!

Eine andere Geschichte vom Tuifele wird heute noch im Sellrain erzählt, die allerdings nichts mit seinen Wilderergelüsten zu tun hat. Das Tuifele muß dem Vernehmen nach eine ganz besondere Vorstellung von Recht und Unrecht gehabt haben. So, wie er es sein ganzes Leben lang ablehnte, erjagtes Wild zu verkaufen, hatte er auch in anderer Hinsicht sehr strenge Maßstäbe. So mißfiel es ihm in höchstem Maße, wenn gelegentlich Liebespaare auf seine abgelegenen Almen kamen und des Abends um ein Nachtlager baten. Die Leute wegschicken konnte er nicht, denn der Abstieg ins Tal wäre bei Dunkelheit zu gefährlich gewesen. Auf der anderen Seite aber durfte er dem Sittenverfall nicht Vorschub leisten, indem er den beiden Leutln ein weiches Strohlager zur Verfügung stellte, das sie in einen Sündenpfuhl verwandeln würden. Deshalb verfiel er auf den Gedanken, der abendlichen Buttermilch den Säurepilz Renne in reichlichem Maße heimlich zuzusetzen. Reichlich genug, daß das junge Paar überaus heftigen Durchfall bekam und an eine Nachtruhe oder gar ein Liebesleben nicht zu denken war.

Des Tuifeles große Vorliebe war also das Wildern. Er tat es nicht der Trophäen wegen, für die er bei seinem unsteten Lebenswandel gar keine Verwendung gehabt hätte, noch um Geld. Er tat es, weil das Pirschen ihm unheimlichen Spaß machte, vor allem aber, weil er bei der eintönigen Kost des Sennen, mit nur Milch, Butter und Käse dringend eine Abwechslung benötigte. Er blieb der Vorstellung, daß das Erjagen von Wild sein gutes Recht sei, auch treu, als er aus dem Sellrain auswanderte und sich in Sistrans niederließ. Hier bewirtschaftete er ebenfalls die Alm und leistete sich ähnliche Stückln. Mit wahrer Hochachtung wird von ihm berichtet, daß er, in dem offenbar das Erbe seiner Mutter steckte, unschlagbar gewesen ist, was seine Beobachtungsgabe anbelangte. So pflegte er, wenn er am Morgen auf heimlichen Pirschzug ausging, die Spinnweben zwischen bestimmten Bäumen zu untersuchen — waren sie zerrissen, wußte er, daß der Jäger bereits hier vorbeigekommen war. Von den Aufsichtsjägern kannte er nicht nur die Gewohnheiten, sondern auch die Größe und Beschaffenheit ihres Schuhwerks. So wußte er zum Beispiel genau, daß in der Sohle des Stiefels eines bestimmten Jägers ein Nagel fehlte. Fand er also irgendwo im Revier diesen Abdruck, konnte er sofort daraus seine Schlüsse ziehen. Er war ein solches Naturkind — als das er ja von seiner Mutter aufgezogen worden war — daß ihm Berg, Wald und Wild keine Geheimnisse waren. Insgeheim vertrat er den Standpunkt, daß das Wild, statt nur einer privilegierten Schicht zu gehören, für alle da sei, — und aus dieser Einstellung heraus hat er sich mit anderen Männern zusammengetan, obwohl er ansonsten ein Einzelgänger war. Es kam in Sistrans zur Gründung einer Vereinigung, die wir mit heutigem Sprachgebrauch „Bande“ nennen würden. Ziel und Zweck war das Erlegen von Wild auf der einen Seite und der Kampf gegen die Jäger auf der anderen Seite. So kursiert in Sistrans noch heute die Geschichte, wie die Mitglieder dieser „Bande“ einst dem Jagdpächter Schöller aufgelauert haben. Das heißt, mit dem „Lauern“ hat zuerst der Jagdherr angefangen, der oberhalb seines an den Wald angrenzenden Gartens sich des Abends niedergelassen hatte, weil er den Verdacht nicht loswerden konnte, gerade an dieser Stelle seien Wilderer am Werk. Der gute Mann kauerte sich hinter seine Blütenstauden, doch sobald er auch nur den Kopf hochstreckte, pfiff ein Schuß knapp über ihn hinweg. Es zeigte sich, daß es die tatsächlich hier versammelten Wildschützen darauf angelegt hatten, den Schöller zu „tratzen“, denn das Spiel setzte sich die ganze Nacht hindurch fort. Dem Jagdherren blieb schließlich nichts anderes übrig, als klein beizugeben und den Wildschützen das Gebiet oberhalb seines Gartens kampflos zu überlassen und sich selbst in gebückter Haltung dem Hause zuzuschleichen.

Mit der Zeit trieben es die Männer immer bunter. Das zeigte sich bei einem Vorfall im Winter 1930, als vom Jagdherrn eine Fuchsjagd angesetzt war. Oberhalb des Ortes war ein Stück mit besonders schöner Rute angeschossen worden, das jedoch den Jägern entkommen konnte. Die Schweißspur zog sich weit durch den Schnee, bis fast ins Dorf hinein. Vor einem kleinen Bauernhof endete sie plötzlich. Die Jäger machten sich auf die Suche nach dem Tier, durchstöberten den ganzen Hof, von dem sie genau wußten, daß er einem der Wildschützen gehörte, aber alles Suchen war vergebens. Der Fuchs konnte niemals sichergestellt werden.

Durch den Vorfall wuchs naturgemäß die Wut der Jägerschaft gegen die Wilddiebe noch weiter. In einem Fall, so wird berichtet, lehnte es der Jagdherr plötzlich ab, so wie seit vielen Jahren gewohnt, in einem bestimmten Bauernhof seine Milch holen zu lassen, weil er in dem Bauern einen der Wilderer vermutete. Da aber Milch herbeigeschafft werden mußte, holte man sie vom Nachbarn. Das halbe Dorf lachte über die Groteske, da der frühere Milchlieferant absolut „sauber“, der neue aber — ein alter Wilddieb war.

Später freilich bekam die Wildererszene in Sistrans einen sehr ernsthaften Beigeschmack, als nämlich von einer Familie, deren drei Söhne bekannte Wilderer waren, zwei eingesperrt und für Jahre hinter Gitter gebracht wurden. Inzwischen war der Zweite Weltkrieg ausgebrochen, und gleich nach ihrer Enthaftung wurden sie zu einer Strafkompagnie der Wehrmacht einberufen. Eine Rückkehr in die Heimat gab es nicht.

Der Wildererprozeß

In den ersten Jahren nach Beendigung des Zweiten Weltkrieges war es im Außerfern zu einem starken Ansteigen des Wildererunwesens gekommen. Eine Reihe von Männern, die ansonsten über eine saubere Weste verfügten, verfing sich in den Maschen des Gesetzes, so auch im Jahre 1947 Hans Knitel. Er war gemeinsam mit einem Bekannten am Krottenkopf unterwegs gewesen, wobei er derjenige war, der eine Waffe trug. Sie pirschten durch den Hochwald, als vor ihnen ein Reh auftauchte. Knitel wollte gerade anlegen, als plötzlich von der Seite her ein Schuß fiel — wie sich später herausstellte, aus der Büchse eines Wilderers aus dem Nachbarrevier. Im Nu war auch schon ein Forstwart zur Stelle, dem die Richtung, aus der der Schuß kam, den Weg gewiesen hatte.

In der Folge kam es zu einer Razzia, in deren Verlauf auch Hans Knitel angezeigt wurde. Vergebens beteuerte er seine Unschuld und gab zu Protokoll, er habe für den ihn begleitenden Bekannten das Gewehr einschießen wollen, wäre aber nicht mehr dazugekommen.

Die Nachforschungen nahmen immer größere Ausmaße an und wurden als die umfangreichsten der Nachkriegszeit im Außerfern bezeichnet. Als Knitel vom Bezirksgericht Reutte zu acht Wochen Untersuchungshaft verdonnert wurde, teilte er dieses Schicksal mit 52 (!) weiteren Wildschützen, viele von ihnen faßten eine noch viel längere Strafe aus.

Als es zur Verhandlung vor dem Landesgericht in Innsbruck kam, gab es in der Bevölkerung ein enormes Interesse und überaus starken Publikumsandrang, so daß der Saal zeitweise gesperrt werden mußte. Als der Fall Knitel behandelt wurde, kam es zu wahren Lachsalven, denn der merkwürdige Fall war eingetreten, daß Richter, Rechtsanwalt und der Angeklagte genau denselben Namen trugen: Hans Knitel. Ein solches Zusammentreffen hatte es noch nie gegeben.

Im Fall des Angeklagten Knitel kam es zu einem Freispruch. Seine Büchse war untersucht worden, und sowohl der Büchsenmacher Grässle aus Reutte, als auch der Sachverständige Mahrhold aus Innsbruck, hatten übereinstimmend festgestellt, daß aus dieser Waffe längere Zeit nicht geschossen worden war. Damit war die Anklage des Forstwartes hinfällig, der behauptet hatte, er hätte durch's Fernglas gesehen, daß der Angeklagte Hans Knitel geschossen habe. Ein wütender Forstwart und ein zutiefst befriedigter, aus der Haft entlassener Angeklagter verließen das Gerichtsgebäude.

„So ein Ding zwischen Adler und Gamsbock“

Aus der Feder von Norbert Pfretzschner stammt das 1888 erschienene Buch „Peter Rießer, der Wildmeister von Hinterriß“, das leider längst vergriffen ist. Pfretzschner hat darin die Wandlung eines Wilddiebes zu einem hochgeachteten Mann und Herzoglich Coburgischen Wildmeister beschrieben, von welchen Schilderungen wir natürlich heute nicht mehr sagen können, wie weit sie den Tatsachen entsprachen. Aber selbst wenn wir davon absehen, daß das eine oder andere frei erfunden ist, so bleibt doch von dem Menschen Peter Rießer genug übrig, das uns auch heute noch interessiert.

Wann und wo genau Peter Rießer geboren wurde, sagt uns das Buch leider nicht. Aber wir können annehmen, daß er in den Zwanzigerjahren des vergangenen Jahrhunderts im Achental das Licht der Welt erblickt hat. Sein Vater, so wird uns berichtet, war ein überaus strenger Mann, weshalb der Peterl schon im Alter von zehn Jahren das erstemal von daheim fortlief. „Nichts auf dem Leib als Hemd und Kniehose, entschlich der Schlingel nächtlicher Weise vom Hof, schwamm über den Inn und verkroch sich in einem Heustadel.“

Der Peterl scheint schon damals ein ganz besonderes Kind gewesen zu sein, äußerlich zierlich gebaut, dabei aber sehr kräftig, ausdauernd und zäh. Seine ganze Liebe galt der Natur, vor allem den Tieren. Als er schon im zarten Alter von elf Jahren als Hüterbub auf die Alm geschickt wurde, begann seine erste schöne Zeit. Dabei kam es zu einer Begegnung mit dem alten Sennen Lois, der in seinen jungen Jahren ein arger Wildschütz war und sein Unwesen bis weit hinein ins Bayerische getrieben hatte. Diese Bekanntschaft sollte sich allerdings für den Knaben als verhängnisvoll erweisen, wies sie ihm doch den Weg zum verwerflichen Tun des Wilderns. In den beiden Sommern lernte er den Umgang mit der Büchse und brachte es bald zu einiger Meisterschaft.

Eine weitere Person trat damals in des Knaben Leben — nämlich der Metzgermeister und Wirt Pfund aus Lenggries. Dieser fand Gefallen an dem Buben und bot ihm eine Lehrstelle an, die Peterl auch annahm. So war also die nächste Station Bayern, das fast so etwas wie eine zweite Heimat für den Buben wurde. Pfund verwendete ihn als Boten und zum Essentragen hinaus in den Forst zu den Holzarbeitern. Auch dabei gab’s reichlich Gelegenheit, dem Wild nachzustellen, was im Pfund’schen Haus durchaus nicht als Frevel galt. Im Gegenteil, der Wirt belohnte den Buben sogar noch für die Mithilfe beim Bergen der Beute und drückte ihm eines Tages einen blanken Zwanziger in die Hand. Der Peterl, nicht faul, kaufte sich dafür seine erste eigene Waffe. Von da an lieferte er jede Woche zwei oder drei Stück Wild ab, und das im Alter von dreizehn Jahren. Zwar sah er weit jünger aus als seine gleichaltrigen Freunde, aber an Kräften war er ihnen überlegen. Zwei kleinere Rehböcke eine weite Strecke zu tragen, war keine Schwierigkeit für ihn. Schon als Knabe war er außerordentlich pfiffig und erfinderisch, wenn's darum ging, den Jägern und Gendarmen zu entwischen. Hören wir, was Norbert Pfretzschner dazu sagte: „Damals wurde wenig gefackelt, die Büchse sprach ihr Wort, und mancher Lump kam neben seiner Beute zur Strecke. Auch die Zollbeamten und Gendarmen waren besonders hinter den Schwärzern (Schmugglern) her, denn das Volk arbeitete zusammen: wer schwärzte, der wilderte, und wer wilderte, der schwärzte auch, und es galt als vornehm, beides zu tun, sogar bei guten Bauern."

Auch im Hause Pfund wird es wohl als „vornehm" gegolten haben, heimlich auf die Pirsch zu gehen, denn wir hören immer wieder, daß Peterl durchaus als angesehener Mitarbeiter galt, auch damals, als er bei seinem Lehrherren Pfund das Metzgerhandwerk erlernte. Etwas später freilich behagte ihm das gleichförmige Leben nicht mehr, — er arbeitete nur im Winter, in den wärmeren Jahreszeiten aber lebte er draußen im Revier und belieferte die Fleischhauerei mit dem von ihm erlegten Wild.

Einmal, als er gerade im gefürchteten „Glashüttenrevier" unterwegs war, wurde er vom Wirt des letzten Tiroler Gehöftes vor der Grenze, dem Wachtler, vor dem Förster Hohenadl gewarnt. Dieser galt als besonders scharf im Umgang mit Büchslern. Aber der Peter sagte, „das Revier hier sei halt soviel gut. Die Gemsen am Brennkogel haben besondere Krucken auf, ganz platte, nicht so rund wie anderswo, und einen extra guten Bart".

Peter Rießer war achtzehn Jahre als, als er das erstemal persönlich auf den Hohenadl stieß. Kurz darauf wilderte er wieder im Revier seines Gegners und wurde von diesem erwischt. Pfretzschner schildert uns das folgendermaßen: „Der Hohenadl rief: ‚Hab ich dich endlich, Tiroler Lump! Jetzt kommst mir nimmer aus! Leg's Gewehr hin, sonst ist's geschehen um dich!' Aber was macht der Peterl? Langsam läßt er seine Büchse zu Boden gleiten, dreht sich gegen den Waldsaum und stößt einen schrillen Pfiff hervor. Dann zeigt er mit dem Finger gegen den Förster und nickt mit dem Kopf. Wie das der Hohenadl eräugt, reißt er gach die Büchs' vom Wang, spannt ab, schüttelt noch die Faust herauf und macht sich aus dem Staub. Er hat wohl geglaubt, Peter hätte einen Kumpanen im Wald versteckt."

Ein andermal trafen Rießer und Hohenadl bei einem Wettschießen aufeinander, das alljährlich in der „Glashütte" stattfand. Üblicherweise ging der

Förster als Sieger daraus hervor, nicht aber an diesem Tag, an dem er ausgerechnet von Peter Rießer übertroffen wurde. Der Tirolerbub war in bayerische Tracht gekleidet angerückt gekommen und bot einen feschen Anblick. „Ein Ding zwischen Adler und Gamsbock", wie von ihm gesagt wurde. Plötzlich standen sich die beiden Feinde wieder gegenüber. Hohenadl sagte: „Ich will Frieden halten unter den Leuten, aber draußen im Revier, da gilt: Du oder ich!"

Trotzdem war es zunächst nicht der Förster, der den Rießer zu Fall brachte. Ein weißer Gamsbock, den er am Röthjoch geschossen hatte, wurde ihm zum Verhängnis. Von diesem Bock wurde behauptet, er sei verhext, und eigentlich kein Tier, sondern gefrorener Nebel. Rießer schleppte die schwere Beute ins Tal. Als er gerade über eine kleine Brücke über die Ache ging, tauchten vier Zöllner auf. Rießer entledigte sich blitzschnell des Gamsbockes und warf sich ins Wasser. Die Männer schossen hinter ihm her und erwischten ihn am Rücken. Mühsam schwamm Rießer noch ein Stück achenabwärts, dann konnte er sich ans Ufer retten. Seine Wunde blutete stark und er fühlte seine Kräfte schwinden. In seiner Not entsann er sich eines Mädels, das ihn immer schon gern gesehen hatte, nämlich der Vroni, der Tochter des Huberwirts aus Achenkirch. Sie verband ihn und steckte ihn in einen großen Koffer in ihrer Kammer. Bald würden die Zöllner seine Fährte ausgekundschaftet haben, die sie zum Wirt führen mußte. Damit die Hunde abgelenkt würden, streute das schlaue Mädchen reichlich Pfeffer rings umher. Der Trick hatte Erfolg, und die Zöllner, die fest davon überzeugt waren, den Wilddieb beim Huberwirt zu finden, mußten unverrichteter Dinge abziehen. Seine Wunde freilich machte dem Rießer schwer zu schaffen. Er war ganz auf Vronis Pflege angewiesen, denn zu einem Arzt zu gehen, wagte er nicht. Rießer war nun zum Hausarrest gezwungen, der durch einen Vorfall besonderer Art unterbrochen wurde. Der Kranke hatte Besuch von einem Freund, mit dem er gemeinsam die Wildfütterung in der Nähe des Hauses beobachtete. Plötzlich zerriß ein Schuß den abendlichen Frieden. Die beiden Burschen eilten hinaus und sahen, was geschehen war: Ein Hirsch, ein ungerader Vierzehnender lag tot am Boden. Der Wildschütz wollte sich ohne Beute aus dem Staub machen, aber Rießer warf sich auf ihn und kämpfte mit ihm, bis er ihn überwältigt hatte. Dann brach er selbst, immer noch geschwächt von seiner Verwundung, ohnmächtig zusammen.

Am nächsten Tag ging der Huberwirt, der Gefallen an dem Burschen gefunden hatte, zum Förster nach Achenkirch. Er bat ihn, Rießer als Jagdgehilfen anzustellen, was jedoch abgelehnt wurde mit der Begründung, Rießer sei so gut wie überhaupt nicht des Lesens und Schreibens kundig. Huber machte das Angebot, den Zwanzigjährigen zu unterrichten, wozu es aber in diesem Jahr noch nicht kommen sollte, einerseits durch den schlechten Gesundheitszustand Rießers, andererseits durch einen tragischen Unglücksfall, der die Familie des Huberwirtes traf. Die Vroni, die durch Monate den Peter so aufopfernd gepflegt hatte, und die im Sommer als Sennerin auf der Alm arbeitete, stürzte ab, als sie eine Kuh retten wollte. Rießer war durch ihren Tod so erschüttert, daß er der Gegend den Rücken kehrte.

Der nächste Ort, an dem Rießer auftauchte, war das Vomperloch, eines der großartigsten Gebirgstäler nördlich des Inn. Im sogenannten Zwerchbach, dem einzigen Seitental, ging er wieder seiner Leidenschaft nach und machte reiche Beute, die er nach Schwaz lieferte. Eines Tages durchpirschte er vom Bärenkopf her die Felswände und die Kare des Hochnißl bis hinüber zur Lampsenscharte. Am Abend kam er zur Knappenwaldhütte, die zum Haller Anger gehörte, einer Hütte, die nur von Jägern aufgesucht wurde. In einem Latschenbett versteckte er seine Waffe und machte sich's in der Hütte bequem. Die Bretter hinter der Bettstatt löste er vorsichtshalber heraus, um sich, wenn nötig, durch diesen „Schluff" retten zu hönnen. Seine gute Nase trog ihn nicht: nach einer Weile erschienen drei Jäger: der Förster Wörndl mit zwei Gehilfen. Die drei, die den Achentaler nicht von Angesicht kannten, berichteten, daß sie hinter einem Wilderer her seien, der seit Tagen das Revier unsicher mache. Der Rießer erzählte ihnen eine rasch erfundene Geschichte, er habe von Scharnitz her drei Wilderer mit Gemsen am Buckel kommen gesehen. Der Förster bot dem Rießer einen schönen Batzen Geld dafür an, daß er ihm das Wildererversteck verrät. Da stieß der Rießer einen Juchzer aus, die losen Bretter krachten zur Seite, und durch das Loch in der Wand war er entwichen. Zwei Schüsse dröhnten durch die Nacht.

Trotz allen Suchens konnten die drei Männer den Rießer nirgends entdecken. Am nächsten Morgen regnete es wie aus Kannen. Der Wilddieb erreichte gerade den Grat zwischen Hochglück und Schneepfannspitze, da fiel ihn plötzlich von rückwärts ein Mann an — es war einer der Forstgehilfen vom Abend vorher. Rießer brach einen Stein aus und schlug ihn dem Angreifer ins Gesicht. Dann flüchtete er in die Latschen. Dort stellte ihn wenig später Förster Wörndl, der die Waffe auf ihn richtete. Aber Rießer gab nicht auf — er hastete dem einzigen noch offenen Ausweg zu, der Scharte zwischen Schneepfann und Huderbank und hoffte so zum Zwerchbach zu gelangen. Dem Förster wurde klar, daß diese Flucht nie und nimmer gelingen könne. Rießer aber wagte den Abstieg über die mörderische Wand.

Dort, wo sie in die Tiefe stürzt, versammelten sich die Förster und blickten hinab. Während gerade einer der Gehilfen einen Stein ausbrach und ihn dem Wildschütz nachsenden wollte, ertönte von unten ein markerschütternder Schrei und ein Schuß. „Dem tut nichts mehr weh. Kommt, wir steigen über die Stierschlagklamm ab“, sagte Förster Wörndl. Da schoben sich Hände unbemerkt über den Grat, ein Gesicht tauchte auf — es war der Rießer. Er hatte sich an eine Latsche am Abbruch der Felswand gehängt, hatte Steine losgetreten, geschrien und geschossen und so getan, als sei er die Wand hinuntergefallen. Wieder einmal hatte er die Jagdorgane hereingelegt!

Der nächste Schauplatz war eine Gaststube in Kreuth. Aufgeregt wurde darüber debattiert, daß nunmehr der „verflixte Tirolerbub“ von den Behörden für vogelfrei erklärt werden sollte. Was das bedeutete, war klar: keine Kellnerin darf dem Rießer auch nur ein Maß einschenken, keiner darf ihm Unterschlupf geben. Wer den Vogelfreien antrifft, darf ihn töten, auf welche Weise immer, sei es durch Schießen, Schlagen, Stechen oder Würgen. Aber der Rießer hatte auch hier seine Freunde, und man beschloß, ihn zu warnen. Auch Förster Hohenadl war nicht damit einverstanden, daß man diese harte Strafe über den Burschen verhängt hatte und wollte das auch höheren Orts zu Protokoll geben. Er konnte sich nicht helfen, der Mensch imponierte ihm. Im Stillen hoffte er, ihn eines Tages auf seine Seite ziehen zu können. Er hätte damit einen mutigen Mitarbeiter gefunden. Aber noch war es nicht so weit. Weitere Jahre mußten vergehen, ehe diese beiden Männer zueinander fanden. Das entscheidende Zusammentreffen fand hoch oben am Berg statt, mitten im Schnee, wo Rießer gerade dabei war, eine Gams aufzubrechen. Diesmal flüchtete er nicht, sondern unterhielt sich ganz ruhig mit dem Förster, der ihm sagte, es wäre doch schade, wenn aus ihm auch so ein Erzlump, ein Mörder würde wie sein Halbbruder, der am Kasbach bei Jenbach den Hagerbauern aus Egern hinterrücks erschossen hat. Nun säße der Bruder im Gefängnis in Innsbruck und erwarte seine Hinrichtung. Der Rießer hatte von diesem Vorfall noch nichts gehört und war zutiefst erschüttert. In dieser Seelenverfassung hatte der Hohenadl ihn haben wollen. Er bot ihm an, ihn in seine Dienste zu übernehmen. Hohenadl sorgte dafür, daß der Rießer zu seinem vormaligen „Beinahe-Schwiegervater“, dem Huberwirt, nach Achenkirch zog, der ihn nun tatsächlich im Lesen und Schreiben unterrichtete. Und da der Peter ein überaus intelligenter Bursch war, hatte er sich diese Kenntnisse bald angeeignet und wurde vom Oberförster Lutz als Forst- und Jagdknecht beschäftigt. Von nun an stellte er seine mannigfachen Talente einer besseren Sache als der Wilderei zur Verfügung. Noch kein halbes Jahr war er im Amt, da hatte er schon neun Büchsler dingfest gemacht. Er ging dabei ebenso gerissen vor, wie ehedem, als er selbst der Gejagte war. Drei von ihnen gingen ihm auf einen Streich in die Falle.

Eine andere Geschichte wird von ihm berichtet, in der er das Gerücht ausstreute, eine Grafenjagd fände statt, an der er teilzunehmen habe. Damit wiegte er die Wilderer in Sicherheit. Er hatte bestimmte Personen, drei

Melker aus der Umgebung des Achentales in Verdacht; und richtig, am nächsten Tag sah er von oben her, wie die beiden gerade einen Hirsch aus einem Wassertümpel zogen. Er überraschte sie, schnitt ihnen die Hosenträger ab und fesselte ihnen damit die Hände. So mußten sie wohl oder übel in Reih und Glied vor ihm hertrotten, dem sicheren Gewahrsam zu.

Am 26. November 1852 schlug für den ehemaligen Wildschützen die erste große Stunde, da er zum k.u.k. Forstgehilfen ernannt wurde. Dieses Dekret hat folgenden Wortlaut:

„An den k.u.k. Forstgehilfen Peter Rießer, beim Forstamt Achenkirchen. K.u.k. Forst- und Domänen-Direktion Innsbruck, Nr. 327. In Anerkennung Ihrer bisherigen guten Leistungen und nach mit ‚Gut' abgelegter Prüfung werden Sie hiermit vom Forstknecht und zum k.u.k. Forstgehilfen ernannt, mit Belassung beim Forstamt Achenkirchen, Forstort Pertisau, und den normalen Bezügen vom Dezember des Jahres an nebst Dienstwohnung. Innsbruck, am 26. November 1852. Der Forst- und Domänen-Direktor Majrhofer m.p., Forstmeister."

Der neue Forstgehilfe bezog einen Posten bei Förster Joseph Palhuber im Ort Pertisau. Diese Versetzung sollte sich als der große Glückstreffer in Rießers Leben erweisen, kam er doch hier in ersten Kontakt zum Herzog von Coburg, ein Kontakt, der seine Zukunft wesentlich beeinflussen sollte.

Machen wir einen kleinen Sprung in die Vergangenheit, und betrachten kurz die Vorgeschichte der damaligen Coburg'schen Jagdpacht. Schon im Jahr 1844 hatte ein Vetter des Herzogs, der Fürst von Leiningen, die Jagden im Bächental und in der Hinterriß gepachtet, später auch die von der Pertisau und nach dem Jahr 1848 all die kleinen Eigenjagden der Almbesitzer in diesen Tälern. Eines Tages kam als Jagdgast Herzog Ernst II. von Coburg und Gotha in diese Gegend und verliebte sich sofort in sie. Der Herzog überredete seinen Vetter, ihm die Reviere zu überlassen und baute das kleine fürstliche Jagdhaus in der Hinterriß zum Schlößchen aus. Die Pachtbedingungen waren klar: bis zum Lebensende des Herzogs und vierzig Jahre darüber. Schon kurze Zeit darauf pachtete der Herzog auch die Jagden von Scharnitz, im Gleirschtal und Hinterautal dazu, so daß hier in den nördlichen Kalkalpen das beste, größte und schönste Revier in den Tiroler Bergen entstand.

Rießer war noch nicht lange Forstgehilfe, als eines Tages der Herzog mit großem Gefolge in Pertisau eintraf. Als der hohe Gast, ein mächtig großer Mann, die Reihe der Angetretenen abschritt, fiel ihm sofort der fesche Bursch mit dem Schnauzbart auf. Er war überrascht, den berüchtigten Wilderer in den Reihen seiner Bediensteten zu finden, aber der Mann gefiel ihm, und er beschloß, ihn zu fördern.

Nicht umsonst hatten der Herzog und Förster Hohenadl eine so große Vorliebe für den Burschen. Er machte seine Sache im Wald, aber auch in der Schreibstube ausgezeichnet. So schlug man ihn bald als Forstwart vor, dann als „definitiven Forstwart". Trotzdem mußte Rießer bis zum Jahr 1863 warten, bis ihm das k.u.k. Forstärar die Ehebewilligung erteilte.

Die Glückliche, mit der er schon lange Zeit verlobt war, hieß Pepi Gazeller, genannt Pepele, deren Vater eine Frächterei auf dem Inn betrieb. Anfangs wollte der Alte nichts von dem Verlöbnis wissen, weil ihm natürlich das Vorleben Rießers zu Ohren gekommen war. Nachdem er aber sah, wie gut sich der Bursche in Coburg'schen Diensten bewährte, gab Vater Gazeller seine Einwilligung. Nach der Eheschließung bezogen die Rießers einen festen Wohnsitz in Pertisau, später in der Hinterriß.

Durch die unruhigen politischen Zeiten und die Tatsache, daß viele Jäger zu den Waffen gerufen wurden, kam es in ganz Tirol zu einem starken Ansteigen des Wildererunwesens. Immer wieder wurde auch Rießer damit konfrontiert, immer wieder bewies er seine Schläue und Gerissenheit. So wird zum Beispiel folgende Geschichte von ihm erzählt: eines Tages erreichte ihn eine Nachricht, daß sich vier Wilderer im Tonauischen herumtrieben. Rießer machte sich mit nur einem Gehilfen auf zum Tonauer Niederleger. Drinnen in der Hütte hörte er drei Männer, Bayern, aus deren Reden er entnehmen konnte, daß sie über die Grenze herübergekommen sind. Er bluffte die Wilddiebe, indem er draußen laut Befehle gab zum Umstellen der Hütte und zwar an eine größere Anzahl von Gehilfen, die er in Wirklichkeit gar nicht hatte. Er selbst preschte hinein und fand dort drei geschwärzte Gestalten vor, die er allesamt kannte. Er ließ die Männer Schuhe und Joppen ausziehen, die er später dem Gericht in Schwaz übergab. Sein Gehilfe Gaugg marschierte mit den Gefangenen zum Gendarmerieposten nach Pertisau, während Rießer auf den vierten Wilderer paßte, der auch promt in die Falle tappte.

Das Bluffen ist dann schließlich seine Spezialität geworden. Eine andere Begebenheit mag das beweisen. Man hatte dem Rießer zugetragen, daß es in Scharnitz ein regelrechtes Gefecht zwischen Wilderern, Jägern und Gendarmen gegeben hatte, bei dem etliches Blut geflossen sei. Er pirschte so lange durch die Gegend, bis er auf eine Versammlung von nicht weniger als vierzehn Wilddieben stieß, die sich um einen Lagerplatz geschart hatten. Wieder erteilte Rießer Befehle an Gehilfen, die gar nicht anwesend waren, so daß die Wilderer in Panik die Flucht ergriffen und über die Grenze nach Bayern rannten.

Bei einer ähnlichen Menschenjagd verletzte Rießer einen Wilderer durch einen Schuß; der Mann fiel zu Boden; Rießer rettete ihm dennoch das Leben, indem er geistesgegenwärtig den stark blutenden Arm abband, der dann später in Schwaz amputiert werden mußte.

Nachdem sich die politischen Wirren gelegt hatten, wurden die Zeiten wieder friedlicher. Rießer wurde zum Herzoglich-Coburg'schen Wildmeister ernannt.

Rießer starb, so wie er gelebt hat, mit der Büchse in der Hand. Er war viele Monate krank und bettlägrig, aber immer wachen Geistes. Er hörte eines Tages das Röhren eines Hirsches vor dem Fenster seines Forsthauses; Rießer sprang aus dem Bett, ergriff ein letztes Mal die Waffe, öffnete das Fenster und schoß hinaus. Im gleichen Augenblick riß sein Lebensfaden — er sank tot zu Boden.

Verräterische Hände

Daß einem Wilddieb das Aussehen seiner Hände zum Verhängnis werden könne, das hat man wohl noch nie gehört, und doch ist es passiert.

Begonnen hat die Sache an einem klaren Herbsttag, als sich der Jäger Bertram mit seinem treuen Nero wieder einmal den steilen Berg zum Stallwieser hinauf plagte. Bertram war schon ein älterer Herr, den mächtig der Ischias quälte. Aber sich zur Ruhe zu setzen, das kam für ihn nicht in Frage. Noch nicht. Aber er spürte es mit jedem Jahrl mehr, daß seine Kräfte nachließen. Bergansteigen fiel ihm schwer, noch schwerer freilich wurde ihm der Abstieg. Bei jedem Schritt stützte er sich auf den Bergstock, den er schon seit vielen Jahren benützte.

Keuchend stapfte er bergauf, bis endlich der Stallwieserhof in sein Gesichtsfeld kam. Dies ist der höchstgelegene bewirtschaftete Hof des gesamten Martelltales. Wenn Stadtleute sich hier herauf verirren, rufen sie aus: „1950 Meter über dem Meeresspiegel! Und noch immer Anbau von Gerste und Kartoffeln!“ Der Bauer freilich, der hier hauste, hatte sich bescheidener mit 1930 Meter Seehöhe zufrieden gegeben, die er an seine Hausmauer geschrieben hatte.

Der Stallwieserhof war, wenn man der Sage trauen darf, schon einmal im Mittelpunkt eines Wildererdramas gestanden. Es soll hier in grauer Vorzeit einen Bauern gegeben haben, dem das Wildern im Blut lag, so sehr, daß er sich nicht dagegen wehren konnte. Nicht einmal am Sonntag, wenn von allen anderen Höfen herab die Bewohner nach Martell zur heiligen Messe pilgerten, schloß er sich ihnen an, sondern zog hinauf in höhere Regionen, um dort Beute zu machen. Einmal, er war schon den ganzen Tag unterwegs gewesen, sah er am späten Nachmittag einen weißen Hirsch, dem er bis ins Gebiet der Schluderspitze folgte. Plötzlich war von einem Augenblick zum anderen das Prachtstück verschwunden. Der Bauer aber hatte sich so weit in die Felsen vorgewagt, daß er weder vor, noch zurück konnte. Wie dem Kaiser Maximilian in der Martinswand war ihm jeder Weg versperrt. Im Gegensatz zu diesem gelang ihm der Sprung zurück in die Freiheit nicht. Er ist der Sage zufolge jammervoll auf der Schluderspitze zugrundegegangen.

An all das mußte Bertram denken, als er an dem abgelegenen Hof vorbeitrottete, vor dem lediglich ein Huhn gackernd auf den Steinstufen stand. Vorbei an der alten Mühle, die noch vor wenigen Jahren den spärlichen Roggen gemahlen hatte, der hier heroben wuchs. Seit dem 17. Jahrhundert

Zwölf Stück gewilderte Gemsen auf einer Hochalm in Tirols Bergen. Den Wilderern ging es dabei offensichtlich nur um die Trophäen. So schnitt man den Tieren einen Streifen aus der Decke wegen des begehrten „Gamsbartes" und trennte etlichen das Haupt ab. Die restlichen Tierkörper wurden an Ort und Stelle zurückgelassen

harren die Bauern hier in dieser Weltabgeschiedenheit aus. Umso verlockender freilich war das Gebiet für diejenigen, die auf krumme Touren aus waren. Schon des öfteren war Bertram hier auf zwielichtige Gestalten gestoßen und auch heute, so sagte ihm eine Vorahnung, würde es noch zu einer entsprechenden Begegnung kommen.

Hoch oberhalb des Stallwieserhofes verkürzte er die Leine seines treuen Nero und tuschelte ihm zu: „Still bisch, Nero, ganz still. Braver Hund, braver!“ Als hätte Nero nur auf diesen Zuspruch gewartet, begann er plötzlich in eine bestimmte Richtung zu ziehen. Leise, ganz leise ertönte sein Winseln. Vorsichtig schlich sich der Jäger durchs Gelände. Vor einem Latschenbett blieb er stehen. Plötzlich peitschte ganz in seiner Nähe ein Schuß durch die Stille. Nero wollte auf der Stelle lospreschen, aber Bertram hielt ihn zurück. Er schlug die Richtung ein, aus der der Knall gekommen war. Ein zweiter Schuß wies ihm erneut den Weg. Was mußte das für ein Hallodri sein, der es zweimal hintereinander böllern ließ? Er mußte sich sehr sicher fühlen.

Bertram pirschte durch die Latschen, so geräuschlos er nur konnte. Am Rande der Sträucher sah er den Mann kauern. Diese wandte ihm den Rücken halb zu, aber so, daß Bertram durch sein Spektiv deutlich die Hände des Mannes sah, die die Waffe neu luden. Es waren die kleinsten Hände, die der Jäger je an einem Mann gesehen hatte. Sie stellten das einzige Auffallende dar, denn sonst war der Wildschütz genau so, wie es alle anderen auch waren. Vor die untere Gesichtshälfte hatte er ein Tuch geschlungen, seinen Rock umgedreht, so daß ein braunweiß gestreiftes Futter nach außen schaute. Der Mann mußte aus einem anderen Tal gekommen sein. Bertram konnte schwören, daß er ihn noch nie gesehen hatte. Umso besser, dachte er sich, dann weiß der Wildschütz auch nicht, daß er es mit einem unterlegenen Gegner zu tun hat, zumindest, was meine körperliche Behinderung angeht. Aber, so sagte sich Bertram, heute wollte er sich noch einmal beweisen, daß er trotz Schmerzen zu schnellem Handeln fähig war. In großer Eile löste er den Karabiner an Nero's Halsband, hielt ihn aber noch zurück. Dann sprang er aus der Deckung und fiel den nichtsahnenden Mann von hinten an. Der setzte sich mächtig zur Wehr und versuchte, die Waffe gegen den Jäger zu richten, als im letzten Augenblick Nero den Wildschützen ansprang. Der Hund biß ihn so kräftig in den rechten Unterarm, daß er blitzschnell das Gewehr fallen ließ und laut aufschreiend die linke Hand auf die Wunde preßte. Diese Sekunden genügten Bertram, den Wilddieb zu überwältigen. Er riß dem Mann mit aller Gewalt den Hosenträger herunter und band ihm damit die Hände zusammen. Dann nahm er ihm das Tuch vom Gesicht. Es war ein blutjunges Gesicht, es wies beinahe die Züge eines Knaben auf.

Wie in aller Welt kam so eine Rotznase zu einem so gefährlichen Unternehmen?

„Schamst di nit, du halbes Kind du?“ fuhr Bertram auf den Burschen los, „was is denn in di einig'fahren, daß du wildern gehn muaßt?“

„Ja mei“, sagte der andere kleinlaut, „es is halt wegen einer Wette. I hab' mit meinem Freund g'wettet, wer z'erst mit 'am Reh nach Martell abikimmt.“

„Des sein mir so Wetten, was G'scheiters fallt euch a nit ein? Aber jetzt is ausg'wettet! Am Carabinieri-Posten kannst drüber nachdenkn, ob des a guate Idee war oder nit. Und jetzt auf mit dir!“ An den gebundenen Händen zerrte er den jungen Mann hoch, klemmte sich seine eigene Waffe und den Abschrauber des Wilderers unter den Arm. Dann stieß er ihn vor sich her, nahm in die eine Hand seinen langen Bergstock und die Leine von Nero, mit der anderen hielt er die Büchse auf seinen Gefangenen gerichtet. Man konnte ja nicht wissen!

Der Bursche schlug ein rasches Tempo an, dem der ältere Mann kaum folgen konnte. Ob das sein Trick war? Auf keinen Fall wollte Bertram den Jüngeren merken lassen, wie stark seine Beinbehinderung war. Mit zusammengebissenen Zähnen stapfte er, sich auf seinen Bergstock stützend, den steilen Hang hinunter. Als sie in den dichten Wald eintauchten, wurde das Gelände etwas flacher und Bertram konnte ein wenig aufatmen. Noch immer marschierte der Wilderer vor ihm her. Was Bertram aber nicht bemerkt hatte, war der Umstand, daß es dem Jüngeren durch vorsichtiges Schütteln der Hände gelungen war, die um sie geschlungenen Hosenträger zu lockern. Der Bursche wartete nur auf einen geeigneten Augenblick, um seine Fesseln abzuwerfen und sich dann auf den Jäger zu stürzen.

Sie waren am Talgrund angekommen und waren gerade dabei, hintereinander über die kleine Brücke zu gehen, die an dieser Stelle über den Bach führte. Das war die beste Gelegenheit, sagte sich der Junge, riß mit einer schnellen Bewegung die Hände hoch, so daß die Hosenträger herunterfielen, warf sich herum, entwand dem Jäger mit einem einzigen, raschen Ruck den langen Bergstock und versetzte ihm damit einen mächtigen Stoß. Dem Stürzenden riß er die Waffen weg. Bertram schrie auf, als unter seinem Gewicht das kleine Geländer brach und er rittlings in den reißenden Bach stürzte. Nero in seiner Angst um seinen Herrn stand laut kläffend am Ufer. Der Wildschütze aber drehte sich um und sauste mit flotten Schritten davon.

Fluchend und schimpfend kroch Bertram aus dem Bachbett. Hatte der Junge ihn doch tatsächlich überrumpelt!

Es war einige Wochen später, und der Jäger hatte die ungute Begebenheit beinahe schon vergessen. Zum Kirchweihsonntag war er bei seiner Tochter in Schlanders eingeladen. Man saß in fröhlicher Runde, aß und trank und erzählte sich die neuesten Geschichten. Durch einen Zufall schaute Bertram zum Nebentisch, an dem eine größere Gruppe junger Leute saß. Einer davon, ein strohblondes Bürschl, wandte ihm den Rücken zu. Aber was er auf dem Tisch sah, genügte dem alten Jäger. Neben dem Holzbrettl, auf dem sich Speck und Salami häuften, lagen eben diese kleinen Männerhände. Bertram brauchte dem Burschen gar nicht ins Gesicht zu schauen — der Anblick der Hände genügte ihm. Ohne daß jemand Argwohn schöpfte, schlich der Jäger aus der Wirtsstube und eilte zur Carabinieristation. Rasch erzählte er von seinem Zusammentreffen mit dem Wildschützen und konnte einen Beamten bewegen, mit ihm zu kommen und den Burschen zu perlustrieren.

Eine noch am selben Tag durchgeführte Hausdurchsuchung im Elternhaus des jugendlichen Missetäters ergab einen erstaunlichen Tatbestand: allem Anschein nach war die Geschichte mit der Wette ein Schwindel gewesen und der Bub schon seit längerem zum Zweck des Wilderns im ganzen Vinschgau unterwegs. Dreizehn Gemskrickeln, zwei Hirschdecken und ein Topf mit Murmeltierfett konnten als Beweismaterial sichergestellt werden.

Jägerquartett 1929. In den schweren Jahren der Zwischenkriegszeit wurde in Tirols Bergen besonders viel gewildert, und die letzte Kugel im Lauf so manches Wilderers „gehörte“ dem Jäger.

Fünfzig Jahre Kampf gegen Wilderer

Ein Mann, der sich um die Wildererbekämpfung in Tirol ähnlich große Verdienste erworben hat wie Ludwig Ribis aus dem Stubaital, war Rudolf Klosterhuber, von dem man lange Zeit sagte, er sei auf diesem Gebiet der erfolgreichste Jäger gewesen. Das eine jedenfalls konnte er von sich behaupten: er hat im hohen Alter von siebzig Jahren noch einen Wilddieb zur Strecke gebracht, und das ist gewiß eine ganz besondere Leistung.

Rudolf Klosterhuber war in Tirol ein „Zuag'roaster". Er stammte aus Oberösterreich, wo er auch das Waidwerk erlernte und es eine Zeitlang im Dienste des Chorherrenstiftes Reichersberg ausübte. Im Jahr 1909 übersiedelte er nach Tirol und gründete sich im Achental ein neues Zuhause. Lange Jahre war er beim Fürsten Schönburg-Hartenstein Jäger und Wildmeister. Den Titel eines Wildmeisters erwirbt man bekanntlich nicht, sondern er wird einem verliehen. Meistens sind besondere Anlässe dafür maßgebend. Bei Klosterhuber waren es seine besonderen Verdienste um die Wildererbekämpfung, die er fünfzig Jahre lang betrieben hat, womit er wohl einzig in Tirol dasteht.

Als Klosterhuber 1909 begann, im Achental Dienst zu tun, mußte er feststellen, daß hier wesentlich mehr gewildert wurde als in seiner oberösterreichischen Heimat. Zunächst betrieb es der junge Jäger als „Sport", auf Wilddiebe Jagd zu machen. Schon in den ersten zwei Jahren Tiroler Tätigkeit gelang es ihm, fünf Wilderer zu stellen. Wie gefährlich jedoch der von ihm erwählte „Sport" sein konnte, erkannte er bei einem Zusammentreffen ganz besonderer Art. Er hatte einen Bekannten, den er schon lange im Verdacht hatte, daß er ein Wilderer sei. Eines Tages sah er den Mann mit dem Fernglas aus einiger Entfernung, wie er gerade seinen Stutzen auseinanderschraubte und die Teile unter seinen Rock schob. In Klosterhuber tobte ein Kampf: sollte er ihn, den guten Bekannten, anrufen und des unerlaubten Besitzes eines Abschraubers anklagen oder sollte er ihn einfach laufen lassen und so tun, als habe er nichts gesehen? Klosterhuber preschte vor, hielt die Waffe schußbereit auf den Bekannten gerichtet und rief diesen an. Der Mann erschrak beim Auftauchen des Jägers, hatte sich aber rasch wieder in der Hand und gab vor, er sei nur zum Holzmachen hierher gekommen. Klosterhuber, der seiner Sache ganz sicher war, griff rasch zu, um dem Wilddieb den Abschrauber aus dem Überrock zu ziehen. Der Mann reagierte blitzschnell, warf sich auf den Jäger, erwischte seine Gurgel und würgte ihn am Hals. Gottlob sprang Klosterhubers großer Jagdhund den Wilderer an und lenkte dessen Aufmerksamkeit kurz ab, der bedrängte Jäger nützte den Augenblick, um den Wildschützen zu überwältigen und einem sicheren Gewahrsam zuzuführen.

Gerade in diesem Fall hat sich einmal in Wirklichkeit das abgespielt, was in ungezählten Heimatfilmen voll triefenden Schmalzes dem Kinobesucher vor's staunende Auge geführt wird: der mutige Jägersmann und der verwegene Wildschütz treffen aufeinander; es kommt zu einem Kampf, der beinahe schon zu des Bösen Gunsten entschieden scheint, was dem Kinopublikum die Gänsehaut über den Buckel jagt. In buchstäblich allerletzter Sekunde greift des Jägers braver Jagdhund in das Geschehen ein und rettet seinen Herrn. Dieser schlingt das mitgebrachte Seil um des Gegners Hände und führt ihn ab, dem Arrest zu. Fehlt eigentlich nur das dem Jäger in Liebe und Treue ergebene Dirndl im Hintergrund, in dessen geöffnete Arme der halb Erschöpfte, aber Triumphierende schlußendlich sinkt, ehe sich die Vorhänge über der Kinoleinwand schließen.

Aus diesem Vorfall, der ihn das Leben hätte kosten können, hat Klosterhuber gelernt. Von da an hat er Wilderer nur mit dem Gewehr gestellt. Dreimal mußte er auch vom Bergstock „Gebrauch machen", um dem Widersacher die Waffe aus der Hand zu schlagen, welche er schon gegen ihn gerichtet hatte.

Fragt man den Klosterhuber, wieviele Wildschützen er gestellt hat, weigert er sich, eine genaue Zahl zu nennen. Kollegen haben indes behauptet, es wären mehr als zwei Dutzend gewesen. Bei dem Ruf, den er in einschlägigen Kreisen hatte, konnte es natürlich nicht ausbleiben, daß gelegentlich Drohungen gegen ihn gerichtet wurden. Am Wirtshaustisch hieß es: „Trink no a Glasl, Klosterhuber, lebst eh nimmer lang!"

Wie ernst es die Männer meinten, konnte unter anderem auch der Jäger Gschwendtner aus Achenkirch bestätigen. Er war einmal auf einen Wilddieb gestoßen und hatte das stets griffbereite Gewehr auf ihn gerichtet. Auch der Gegner zog sofort die Waffe, der Jäger war aber um Sekundenteile schneller und verpaßte dem anderen einen Schrotschuß. Später erfuhr der Jäger, daß es sich bei dem Mann um einen ganz üblen Burschen gehandelt habe, der in Niederösterreich einen Förster erschossen hatte und von dort nach Tirol geflüchtet war.

Klosterhuber erwarb sich Verdienste nicht nur bei der Wildererbekämpfung, sondern auch als Begleiter und Jagdführer für „hohe" Herren, was mitunter gar nicht so angenehm und einfach war. So hatte er eines Tages den König von Albanien als Jagdgast zu führen, der offenbar ein schlechter Schütze war. Mehrmals hatte der prominente Mann vergeblich auf einen Gemsbock geschossen, ehe er dem Jäger den Befehl erteilte: „Schießen! Schießen!" Um den königlichen Schützen die Blamage zu ersparen, gab Klosterhuber einen gezielten Schuß ab, der den Bock zur Strecke brachte, was mit einem dankenden Kopfnicken quittiert wurde. Ob er dafür auch einen Orden erhalten hat, ist der Chronik nicht zu entnehmen!

Vinzenz Goller, Major des Standschützenbataillons Sillian im Ersten Weltkrieg und ein Freund Sepp Innerkoflers. Während einer Patroille hinter die feindlichen italienischen Linien fand er auch noch Muße für die Jagd.

Die Gams hinter der Front

Die zu ihrer Zeit „berühmteste“ Gemse wird die sogenannte „Goller-Gams“ gewesen sein. Von ihr und einem gefährlichen, gewagten Unternehmen wurde in Kreisen der Tiroler Standschützen des Ersten Weltkrieges noch lange gesprochen, nicht zuletzt auch deshalb, weil der „Wildschütz“, der sie zur Strecke gebracht hatte, ein bedeutender Mann gewesen ist.

Doch wer war jener Vinzenz Goller, der das Kunststück zuwege brachte, eine Gemse hinter den feindlichen Linien zu erlegen? Er wurde am 9. März 1873 in St. Andrä bei Brixen geboren und fiel schon in seiner Jugend durch besondere Musikalität auf. Er machte die Musik nicht nur zu seinem Steckenpferd, sondern zu seinem Beruf, der ihn schließlich nach Wien führte, wo er die kirchenmusikalische Abteilung an der Akademie für Musik und darstellende Kunst gründete. Er galt als der große Führer und Wegweiser in der Musica sacra und wurde am Ende seiner Laufbahn zum Ehrenmitglied der Wiener Akademie ernannt — seine Tafel prangt neben der von Wilhelm Furtwängler. Auch als Komponist hat er sich einen Namen gemacht, der heute noch Ansehen genießt. Gestorben ist Vinzenz Goller am 11. September 1933 in St. Michael im Lungau.

Den ersten Weltkrieg hat er an der italienischen Front miterlebt; er war Major des Standschützenbataillons Sillian, zu dem auch der legendäre Sepp Innerkofler gehörte. Mit ihm verband ihn tiefe Freundschaft, was umso bemerkenswerter war, als Goller ein sogenannter „Gebildeter“, Innerkofler hingegen ein einfacher Bergführer war. Aber Innerkofler war in seiner Art ebenso einmalig wie in seinen Führerqualitäten — wenn Sepp sprach, so gab es kein Gegenargument. Leider hat man höheren Orts oftmals seinen Ratschlägen keinen Glauben geschenkt. Er selbst mußte dies später mit seinem Leben bezahlen.

Es war Ende Juni 1915, als Innerkofler einen Überfall auf eingenistete Italiener am Gipfel des Hochleist im Bacherntal plante. Zwei Patrouillen wurden eingesetzt. Eine, die in der Nacht am Fuße des Hochleist vorbei auf die Elferwände gelangen und von dort aus mit Gewehrfeuer und Gewehrgranaten den Feind von der Flanke fassen sollte, und eine zweite, die, vom Zugsführer Forcher geführt, den Einser erklettern und von diesem aus auf den Hochleist wirken sollte.

An der von Innerkofler geführten Patrouille nahmen teil: Feldkurat Hosp

Abb. oben: Abschnitt an der Dolomitenfront zwischen Elfer und den Drei Zinnen. Im Vordergrund die Österreichischen Stellungen. Von hier aus operierte der Standschützenmajor Goller und jagte dem Feind sozusagen unter den Händen eine Gams ab.

in der Uniform eines einfachen Standschützen, Leutnant Mumelter und Oberjäger Baumgartner sowie Vinzenz Goller, der als hervorragender Schütze galt.

Zur bestimmten Stunde wurden die Italiener von der Patrouille Innerkoflers vom Elfer aus und von den Männern Forchers vom Einser aus mit Feuer eingedeckt. Sie setzten sich kräftig zur Wehr und brachten sogar Inner-

koflers Leute in Bedrängnis. Der Rückzug erfolgte über den Elfer und die Arzalpe, also hinter die italienische Front, und von dort über die Scharte nördlich des Paternkofel wieder zurück ins Sextental.

Wo nun die Truppe auf die Gemse stieß, ist heute nicht mehr feststellbar. Sicher ist nur, daß Goller selbst unter den widrigen Umständen eines Rückzuges dem Feind sozusagen unter den Händen eine Gams abjagte und das Wildbret noch bis in die eigenen Stellungen schleppte. Diese „gewilderte" Gemse ist wie keine andere in die Annalen der Standschützen eingegangen und geradezu berühmt geworden.

Großer Bahnhof für einen Wilddieb

Es sind nicht nur die Dirndln, die vor Ehrfurcht erschauern, wenn des Wilddiebs Blick sie trifft. Die halbe Bevölkerung nimmt Anteil an seinem Geschick. Er darf alles, nur eines nicht: sich erwischen lassen.

Lange Zeit war für den Hermann Egger im Tiroler Oberland alles gut gelaufen. Er stand in hohem Ansehen in seiner Heimatgemeinde, und so manches Madl wurde schwach, wenn er vom verbotenen Pirschgang zurückkehrte. Aber einmal war's schief gelaufen, und der Aufsichtsjäger hatte ihn erwischt. Ganz genau konnte er dem Hermann den Wilddiebstahl nicht nachweisen, aber für fünf Monate Untersuchungshaft in Innsbruck hatte es gereicht. Es war eine schlimme Zeit für den Naturburschen. Die daheim wußten davon, wie hart er sich tat, die Monate zu überstehen.

„I find' einfach, wenn der Hermann hoamkimmt, sollt'n wir ihm an würdigen Empfang bereiten", sagte sein Hofnachbar, als er am Abend in froher Runde im Wirtshaus saß.

„Aber wie?" fragte ein anderer dagegen.

„Ja mei, i hätt schon an Idee", sagte wieder der Nachbar und lächelte verschmitzt.

„Jetzt tu di nit so zieren, und laß dein' Plan außer!" bedrängten ihn die Kumpane.

„Nacha guat. Ruckt's a bißl zamm, denn es muaß nit die ganze Wirtsstubn hearn, was wir vorhaben."

Die Männer steckten die Köpfe zusammen, die sie beifällig auf- und niedergehen ließen.

„Und wann kimmt er?" fragte einer halblaut.

„Morgen mit'm Elfer", sagte der Anstifter.

„Guat, nacha trommeln wir die andern zamm und treffen ins um dreiviertel elfe."

Am nächsten Morgen gingen die Männer ihrer Arbeit nach, aber immer wieder schauten sie auf die Uhr. Um zehn begannen die ersten, nach Hause zu marschieren. Welche Wandlung war mit ihnen geschehen? Sie steckten in ihren farbenfrohen Trachten und hatten sich zur Feier des großen Tages Sträußln auf die Hüte gesteckt. Bester Laune gingen sie dem Schulhaus zu, in dessen Kellergeschoß die Instrumente der Musikkapelle aufbewahrt wurden. Man schnappte sich sein Horn, seine Trompete, seine Trommel und stellte sich in Reih und Glied auf den Dorfplatz. Neugierig schauten die

Frauen und konnten sich keinen Reim auf das ungewohnte Verhalten ihrer Männer machen. An einem gewöhnlichen Wochentag und dazu um halb elf am Vormittag waren die doch noch nie ausgerückt.

Im Schritt marschierten die Männer zum Bahnhof. Dort rollte gerade der „Elfer“ von Innsbruck ein.

„Er kimmt, er kimmt!“ rief der Trommelbub aufgeregt.

Der Zug war zum Stehen gekommen, und einige Leute sprangen von den Trittbrettern. Auch Hermann war darunter. Er sah bleich aus. Verdutzt schaute er auf die angetretene Musikkapelle, dann drehte er sich um. Wen um Himmels willen erwarteten die Männer? Der Kapellmeister gab den Einsatz und ein schneidiges Stück erklang. Es war das Lieblingsstück des Wilderers. Als es geendet hatte, trat der Kapellmeister an den Heimkehrer heran, salutierte ehrfurchtvoll, dann reichte er ihm die Hand.

„Herzlich willkommen daheim!“ sagte er schneidig. Dem Wilderer, diesem hartgesottenen Burschen, schossen die Tränen der Überraschung und der Rührung in die Augen.

„I dank euch saggrisch, Mander!“ rief er aus. Sie nahmen ihn in ihre Mitte und führten ihn im Triumphzug zu seinem Hof.

Dieser Vorfall ereignete sich nicht etwa in „grauer Vorzeit“, sondern in den „goldenen fünfziger Jahren“.

Der Jägertrick

Der Aufsichtsjäger Innerkofler pirschte durchs Gelände unterhalb des Heretkofels, als weit unten im Tal die Glocke zur Morgenmesse rief. Es kam dem Mann nicht ganz geheuer vor, sein Instinkt sagte ihm, daß irgend etwas vor sich ging. Ob die Gefahr vom Berg drohte, etwa in Form einer verspäteten Lawine, oder ob es jagdliche Ereignisse waren, das hätte er nicht zu sagen gewußt. Auf jeden Fall beschloß er, doppelt auf der Hut zu sein. Sein Revier lag nahe der Grenze zu Italien, im Gemeindegebiet von Obertilliach, wo es des öfteren unliebsame Begegnungen mit Schmugglern gegeben hatte, aber auch mit Wilderern, die über die Staatsgrenze herüberkamen und hier bessere Beute und rascheren Absatz vorfanden.

Es war gegen 8.30 Uhr, als er die beiden Männer sah, die, jeder eine Gams am Rücken, einem schmalen Pfad folgten, der an der Flanke des Heretkofels verlief. Innerkofler, der die Leute des Tales genau kannte, sah mit einem Blick, daß es Männer von „drüben" waren. Aber es waren zwei, und so hätte er einen unguten Stand ihnen gegenüber gehabt. So beschloß er, rasch Verstärkung herbeizurufen, um den beiden Wilderern einen weiteren Beutezug zu versalzen und ihnen den Weg über die Grenze abzuschneiden.

So rasch es ging eilte Innerkofler ins Tal und stellte eine Patrouille zusammen, die zum Teil aus Gendarmen, zum Teil aus ortskundigen Jägern bestand. Gemeinsam stieg man auf, in der Hoffnung, die Wilderer nun zu stellen. Für alle Fälle sicherte man sämtliche Wege ab und legte sich auf die Lauer. Von den Wildschützen, die nicht bemerkt hatten, daß man ihnen auflauerte, war jedoch keine Spur zu sehen.

Innerkofler, ein weiterer Jäger und ein Gendarm warteten gut versteckt im Kessel des sogenannten Roßkares. Es war anzunehmen, daß die Wildschützen hier vorbeikommen würden, um den kürzesten Weg nach Süden zu nehmen. Die drei Männer schauten angestrengt nach unten, wo sie den Gegner vermuteten.

„Mir miaßen schaugn, daß sie uns bald in die Händ' fallen. Jetzt is es viere durch, und bald amal wird's finster wer'n", sagte Innerkofler. „I hab' nit die geringste Lust, die Nacht im Freien zuzubringen. Es wird saggrisch kalt heut' nacht."

„Naa, naa, da mach' dir lei koane Sorgen, die zwoa find' mer schon", meinte zuversichtlich der Gendarm.

Plötzlich ertönte von oben ein Ruf. Es war die Stimme des Pechlaner, des einen Gendarm. „Kemmet aufer!" rief er. Ohne Zweifel mußte er auf etwas

Interessantes gestoßen sein, sonst hätte er nicht seine Anwesenheit in dem Kessel derart laut kundgetan und damit die Wilderer gewarnt. So rasch sie konnten, stiegen die Männer den steinigen Hang hinauf. Mitten in einer Felsrinne stand Pechlaner über einen graubraunen Gegenstand gebückt. Als sie näherkamen, sahen sie, daß es eine Gemse war.

„Das is a g'spassige G'schicht', daß die Wildschützen die Beute nit glei mitg'nommen, sondern da liegen g'lassen ha'm", sagte der eine Jäger. „Da gibt's lei oane Erklärung: sie ha'm, wie i sie g'sechn hab', eh scho jeder a Gams am Buckel g'habt. Wo hätten sie denn die da hintun sollen? Es wer'n halt ganz Schlaue sein, die wo auf'd Nacht z'ruck kemmen zum Abtransportieren der Beute. Derweil ham's die ersten Gamsen in a sicher's Versteck 'bracht."

„Jetzt sag' i enk eppes", fuhr Innerkofler fort, „denen wer' mer die Sach' versalzen. Wenn die glaaben, nur sie ha'm die guaten Trick, nacha täuschen sie sich. I woaß da a ganz a tolle Sach'." Er tat recht geheimnisvoll, der erfahrene Aufsichtsjäger. Schon nestelte er in den geräumigen Brusttaschen seines Lodenjankers und brachte ein Stück Karton zum Vorschein, in das feine Stecknadeln gespießt waren. Er zog eine nach der anderen heraus und drückte sie so in den Äser, in die Gehörgänge und den Lauf der Gemse, daß sie von außen nicht zu sehen waren.

Den übrigen Männern war der Trick neu, und sie fragten Innerkofler nach dem Zweck seines Tuns. Der klärte sie dahingehend auf, daß die unsichtbaren Nadeln als Beweis- und Erkennungsmittel dienen und unfehlbar die Wildschützen verraten würden.

Es kam in der Folge genau so, wie der Jäger es vorausgesehen hatte. Die Wilddiebe mußten im Schutz der Dämmerung die Beute abgeholt und ins Tal befördert haben. Jedenfalls bekam einer der Gendarmen einen vertraulichen Hinweis, in einem bestimmten Gasthof bei Obertilliach seien überraschend Wildbretwochen anberaumt worden. Es mußte doch mit dem Teufel zugehen, wenn man nicht auf die präparierte Gemse stoßen würde! Der Lokalaugenschein in der Tenne des Gasthofes fand im Zuge einer Überrumpelung statt und brachte auch das erhoffte Ergebnis. Der Gendarm Pechlaner traf genau zu dem Zeitpunkt ein, als ein vom Wirt bestellter Metzgerbursch die Gemse fachgerecht zerwirken wollte.

„Einen Augenblick!" rief der Gendarm und fiel dem Mann in den Arm. Er spreizte mit der Hand den Äser der Gemse und zog triumphierend die versteckten Nadeln heraus.

„Jetzt gehst und bringst mir den Wirt, aber g'schwind!" kommandierte Pechlaner. Der Metzger gehorchte eilig, war er doch froh, den Schauplatz so rasch wie möglich verlassen zu können. Es dauerte keine Minute, da kam der Wirt und stellte sich ahnungslos.

„Sie ha'm die Gams nit regulär gekauft, sondern sind von an Wilderer beliefert wor'n", sagte der Gendarm.

„Des miaßen's mir erst amal beweisen", keifte der Wirt.

„Und ob i des wer'!" sagte Pechlaner und hielt dem anderen die Nadeln unter die Nase.

„I versteh' koa Wort!"

„Die Nadeln san der Beweis dafür, daß die Gams von an Wilderer stammt", sagte Pechlaner und erzählte dem Wirt die ganze Geschichte vom Roßkar. Natürlich tat der Wirt so, als sei er einem Bösewicht aufgesessen. Aber der Gendarm konnte ihm nachweisen, daß er gewußt hatte, daß die Gemse nicht regulär geschossen worden war. Er hatte den Wirt damit in der Zange, der letztlich die Namen der beiden Wildschützen preisgab, die, wie schon Innerkofler vermutet hatte, über die Grenze herüber gekommen waren.

Das Zusammenspiel mit den italienischen Zollorganen brachte, noch ehe drei Tage verstrichen waren, die beiden Wilddiebe in sicherem Gewahrsam.

geb. am 4. April 1952; gest. am 9. September 1982

Pius Walder, der „Jennerwein" aus Osttirol

Viele Jahrzehnte hindurch hielt der „Jennerwein" den einsamen Rekord, zur berühmtesten Gestalt der Wildererszene Bayerns geworden zu sein. Jetzt ist der 1982 in Villgratener Tal erschossene, dreißigjährige Pius Walder auf dem besten Weg, dem Jennerwein den Rang, zumindest für Tirol, abzulaufen. Wenn nicht alles trügt, so hat man in ihm eine neue Märtyrerfigur geschaffen, zu dessen Grab am kleinen Friedhof von Kalkstein heute schon die neugierigen Touristen, vor allem aus Nordtirol, pilgern. Schon machen Busreisen hier Halt, um den Fahrgästen einen Blick auf das bescheidene Wilderergrab zu ermöglichen. Es ist nur eine Frage der Zeit, daß auch am Grabkreuz des Pius Walder an jedem Todestag eine — natürlich gewilderte — Gams hängen wird, wie es seit langem beim Jennerwein der Fall ist. Die Parallelen zu diesem sind klar: genau wie der bayerische „Kollege" kam auch Pius Walder, als er einmal gar nichts am Kerbholz hatte, durch einen Jäger zu Tode, der den auf der Flucht Befindlichen kaltblütig erschoß.

Ebenso wie der Jennerwein war Pius Walder, Jüngstes von elf Kindern der Familie Walder, vulgo „Schaller", und als Holzarbeiter tätig, schon Jahre vorher des öfteren beim Wildern ertappt worden, so auch im Jahre 1979. Ein Gerichtsurteil über damals begangene Wilderertaten liegt vor, demzufolge im März dieses Jahres in zweiter Instanz Pius Walder rechtskräftig verurteilt wurde. Das Oberlandesgericht unter Senatspräsident Dr. Zimmermann bestätigte das Ersturteil von OLGR Dr. Wieser: 200 Tagessätze zu ö. S 80.— (= 16.000.—) für Pius Walder. Der Schaden von ö. S 30.000.— mußte von ihm ebenfalls ersetzt werden.

Von den Brüdern Walder aus dem kleinen, 1640 Meter hoch gelegenen Weiler Kalkstein im Villgratental kursierten so manche Gerüchte und Tatsachenberichte, die fast ausschließlich mit dem Wildern zu tun hatten. Die „Schallerischen" sind aber auch als Männer bekannt, die bärenstark und fleißig bei der Arbeit, ob in der Landwirtschaft oder draußen in Deutschland „im Holz" zuzupacken wissen. Auf keinen Fall stimmt es, wie ein Boulevardblatt berichtete, daß sie sich ausschließlich vom Wildern ernähren.

Kaum ein Ereignis aus dem Gebiet um Innervillgraten hat sich der Zeitungsleser so eingeprägt, wie die Wildereraffäre rund um Pius Walder, die monatelang Schlagzeilen machte und bis heute nicht zur Ruhe gekommen ist. Eine Familienfehde hat sich entwickelt, in der es Schläger und Geschlagene gibt, bis hinauf zum Dorfgeistlichen Ortner, der am Friedhof und vor seiner Kirche geohrfeigt wurde. Ein ganzes Tal ist in Aufruhr und hat sich zu entscheiden, zu welcher der beiden Streitparteien es sich zählt.

Begonnen hat die Sache schon vor Jahren, als man in Jägerkreisen zu munkeln begann, die „Schaller-Buam" — „Schaller" ist der Hofname der Familie Walder in Kalkstein — zögen zum Wildern aus. Besonders klar äußerten sich drei Jäger über die Absichten, die sie in die Tat umsetzen würden, wenn sie draußen im Wald auf einen der „Schallerischen" stoßen würden. „Den mach i kalt, so daß er nimmer redet, und wenn i lebenslänglich dafür krieg", sagte Zeugenaussagen zufolge der zweiundvierzigjährige Hilfsjäger, der später die tödlichen Schüsse abgeben sollte, des öfteren am Wirtshaustisch, und auch sein Vorgesetzter, ein achtundvierzigjähriger Aufsichtsjäger, war mit ihm einer Meinung. Auch der Jäger Burger gab des öfteren ein absolut negatives Zeugnis über die Schallerischen ab. Es kam zu einem Komplott innerhalb der Jägerschaft Innervillgraten, mit dem offen ausgesprochenen Ziel, es den Walder's „zu zeigen". Mit dem Vorgehen der Gendarmerie war man nicht einverstanden, empfand dieses als zu lax in Anbetracht der verwerflichen Gewohnheiten der Walderbrüder und beschloß, „die Sache selbst in die Hand zu nehmen". Acht Zeugenaussagen lagen dem Gericht vor, die übereinstimmend klarmachten, was die Meinung und Aussage der Jäger des Tales war: wenn einer der Walder's beim Wildern ertappt würde, so begnüge man sich nicht mit einem Schuß in die Beine, sondern gleich in den Kopf. Aus der zeugen-

Der Wiesel-Hof bei Brixlegg, in dem der Wildschütz Konrad Mallaun am 3. Oktober 1983 mit seinen beiden Kindern ein tragisches Ende fand. Die triste Behausung glich einem Waffenarsenal. Zahlreiche Jagdwaffen, Pistolen und Munition aus dem letzten Weltkrieg hatte Mallaun hier gehortet. Die Löscharbeiten wurden durch explodierende 8,8 cm-Flak-Granaten besonders erschwert. (Siehe Seite 155)

schaftlichen Einvernahme des Aufsichtsjägers vor dem Richter Dr. Pötzlberger geht hervor, daß sein Gehilfe, der Todesschütze, gesagt habe, daß, wenn er auf einen Walder träfe, „es grob zugehen" könne. In der simplifizierten Ausdrucksweise des Jagdgehilfen hieß das nichts anderes, als daß es zu einer Schießerei kommen würde. Eine andere Zeugenaussage bestätigt, daß der Jagdgehilfe gesagt habe, wenn ihm ein Schaller im Wald begegne, würde der nicht lebendig davonkommen. Es handelte sich also um ausgesprochene Morddrohungen, die am 8. September 1982 in die Tat umgesetzt wurden.

Bevor wir uns dieser zuwenden, sei ein kurzer Blick auf die Häscher des Pius Walder geworfen. Vor allem interessiert uns natürlich der der Tat überführte, als Hilfsarbeiter beim Wegebau beschäftigte Hilfsjäger, ein schlichter, jedoch voll zurechnungsfähiger Mann, unterwürfig gegenüber seinem Vorgesetzten, dem er für die Durchführung des Verbrechens den geradezu idealen Gehilfen darstellen mußte, zumal der Untergeordnete besonders nachtragend und haßerfüllt auf alles reagiert, was geeignet ist, in seine Rechte einzugreifen (Test, Prokop).

Nach der furchtbaren Tat an Pius Walder befragt, sagte der Hilfsjäger: „I woaß nit, warum i auf den Pius g'schossen hab' — es hat sich halt so ergeben", ebenso, wie er fast wörtlich dasselbe zur Antwort gab, als man ihn zum Abschuß eines geschützten Steinadlers befragte.

Schon allein der Umstand, daß der Jagdgehilfe zwischen dem langsamen Zu-Tode-Quälen eines Tieres und dem Töten eines Menschen keinen Unterschied macht, läßt die Haltung des Mannes erkennen, der im übrigen, wie allgemein bestätigt wird, als exzellenter Schütze bekannt ist. Es kam so gut wie nie vor, daß er ein anvisiertes Ziel verfehlte; auch konnte er ein Reh aus der Entfernung von 200 — 300 Metern ins Blatt treffen. An jenem Abend des 8. September 1982 trug er als Jagdwaffe einen Präzisions-Militärkarabiner, einen 98 K, bei sich, mit dem er, wie er selbst zugab, der großen Treffsicherheit wegen nur auf Scheiben schoß. Diese Waffe ist für Jagdzwecke ungeeignet.

Obwohl der Hilfsjäger ein guter Schütze war, gab er an, sich vor den Schallerischen gefürchtet zu haben, in welcher Einstellung er mit seinem Vorgesetzten konform ging. Dieser und der Jäger Burger waren als Fanatiker bekannt und als Draufgänger, wenn es galt, gegen einen aufzustehen, der des Wilderns verdächtig war, wobei man ihnen ein brutales Vorgehen durchaus zutraute. Insbesondere warteten die beiden, zusammen mit dem Hilfsjäger, nur darauf, einen der Gebrüder Walder beim Wildern zu ertappen.

Laut Gerichtsbescheid ist der Aufsichtsjäger, ein Postangestellter, ein in seiner Handlungsfreiheit stark eingeschränkter, finanziell unter Druck stehender Mensch. Umso mehr und verstärkt entlädt sich diese aufgestaute Aggression, wenn die Gelegenheit dazu geboten wird, wie dies in freier Wildbahn gegeben ist. In dieser Situation bekommt er plötzlich die Möglichkeit, seinen Mann zu stellen und sich selbst zu bestätigen, wobei er durch übertriebenen Fanatismus weit über das Ziel hinausschießt.

In der Folge werden wir sehen, daß der Aufsichtsjäger, der seinen Gehilfen genauestens kannte und daher seine Handlungsweise vorhersehen konnte, ihm das Opfer, Pius Walder, in regelrechter Treibermanier zutrieb, es aber peinlichst vermied, selbst den tödlichen Schuß abzugeben.

Der dritte der an der Straftat beteiligte Jäger, Burger, hingegen versuchte von Anfang an, nur von ferne Drahtzieher der Ereignisse zu sein, ohne selbst einzugreifen. Daher war es ihm zunächst möglich, seine Hände in Unschuld zu waschen; erst nach Wiederaufnahme des Gerichtsverfahrens wurde auch er belangt. Oder, wie es im Gerichtsprotokoll heißt: „Burger selbst hielt sich wohlweislich zurück, da er sich genau ausrechnen konnte, wie die beiden Jäger reagieren würden, sollte es sich bei dem Abgeber der Schüsse, die Burger aus der Höll-Leiten gehört hatte, um einen der Walders handeln. Im Klaren über die besonderen Umstände, hat Burger die weitere Folge wissentlich vorhersehbar gesteuert und ist zumindest als geistiger Urheber des begangenen Verbrechens mitverantwortlich, weshalb auch Anklage gegen ihn erhoben wurde, wenn auch erst zu einem späteren Zeitpunkt (August 1983)."

Immerhin war er es gewesen, der gegen 18.30 Uhr an diesem verhängnisvollen 8. September Schüsse aus dem Gebiet der Höll-Leiten oberhalb von Kalkstein gehört hat. Statt in seiner Eigenschaft als Jäger selbst nachzuschauen, gab er die Nachricht telefonisch weiter. Hilfsjäger und ein Aufsichtsjäger machten sich auch sofort in die fragliche Gegend auf, die vom Gasthof Bad Kalkstein genauestens einzusehen ist. Mit dem Fernglas kann man von dort aus jede Einzelheit am späteren Ort des Geschehens, einer steilen Bergflanke, erkennen.

Der Hilfsjäger, der noch vor seinem Vorgesetzten in den Wald aufgebrochen war, sah den Mann als erster. Vor Gericht danach befragt, ob er in diesem Augenblick schon erkannt habe, daß es Pius Walder sei, verwickelte er sich in Widersprüche.

In seiner Vernehmung vom 5. Oktober 1982 versuchte er, dem Gericht weiszumachen, er hätte erst vom Arzt erfahren, daß es sich bei dem von ihm erschossenen Opfer um Pius Walder gehandelt habe, was der Richter nicht glaubwürdig fand. In der Anklage zitierte der Staatsanwalt die Aussage des Aufsichtsjägers, wonach ihm und auch dem beschuldigten Gehilfen bereits zum Zeitpunkt des Aufstieges zur Eggenbachhütte klar gewesen sei, mit welchem „Täter" sie es zu tun haben würden.

Der Hilfsjäger gab an, plötzlich am Sinn seines alleinigen Vorgehens gezweifelt zu haben, mußte aber doch wissen, daß der Aufsichtsjäger und der Jäger

Der Weiler Kalkstein (1641 m) im hintersten Villgratental, Osttirol, Schauplatz einer blutigen Wilderer-Tragödie, wurde zum Ausflugsziel von Touristen. Mit dem Todesschuß in der Höll-Leiten zog in den kleinen romantischen Ort jedoch Unfrieden ein.

Burger verabredungsgemäß nachkommen würden. Der rasche Gesinnungswandel des Jagdgehilfen, nicht allein einschreiten zu wollen, lag in der absoluten Gewißheit, daß er erkannte, es mit Pius Walder zu tun zu haben, der ihm laut eigener Aussage überlegen war. Seine Behauptung, er habe nicht gewußt, daß es sich um Pius Walder handelte, wurde in der Folge als unrichtig bewiesen.

Auf jeden Fall aber war klar, daß der betreffende Mann sein Gesicht zwar geschwärzt hatte, wie es in vielen Gegenden beim Wildern üblich ist, und eine grüne Tarnkappe trug, aber keinerlei Wild bei sich hatte. Aus diesem Umstand resultiert das Erkenntnis des Gerichtshofes, daß es sich höchstens um einen Versuch gehandelt haben kann, keineswegs aber um einen bewiesenen Wilddiebstahl.

Der Hilfsjäger beschloß, nicht allein einzuschreiten und die Hilfestellung durch die beiden anderen Jäger abwarten zu wollen. Er ging ins Tal hinunter und stieg nach kurzer Zeit mit seinem Vorgesetzten wieder zur Eggenbachhütte auf. Den Jäger Burger sahen sie nicht.

Oberhalb der in der sogenannten Höll-Leiten gelegenen Eggenbachhütte verläuft ein Graben, in den sich der Hilfsjäger hineinschlich, das Gewehr entsichert in der Hand. Oberhalb der Hütte, in der Umgebung dieses Grabens, konnte er von Walder nicht gesehen werden, während er den Standort und den späteren Fluchtweg von Walder, sowie das gesamte Gelände bestens einsehen konnte.

Während der Hilfsjäger also im Graben oberhalb der Hütte dahinschlich, ging der Aufsichtsjäger unterhalb der Hütte.

Der Aufsichtsjäger pirschte von links unten gegen die Hütte vor. Mit diesem Vorgehen täuschte er dem Walder seine alleinige Anwesenheit vor, während sein Gehilfe jedoch hinter der Hütte lauerte.

Der „Chef" deutete dem Untergebenen, er solle in der Nähe der Hütte bleiben und schauen, daß Walder nicht auskommt. Diese Aufforderung des

Übersicht

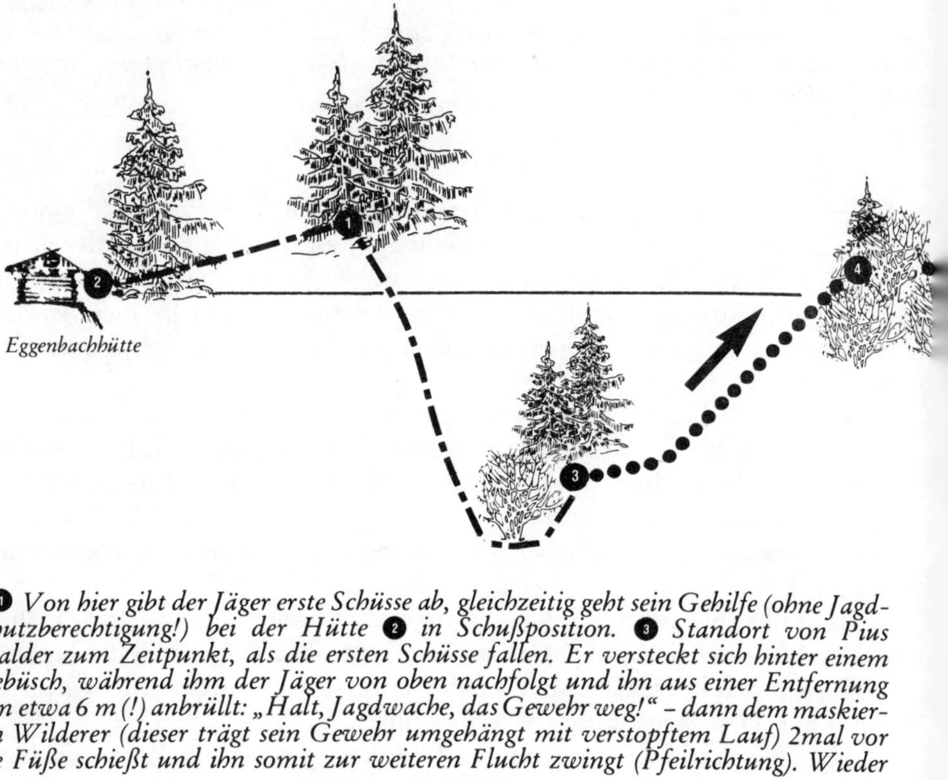

❶ Von hier gibt der Jäger erste Schüsse ab, gleichzeitig geht sein Gehilfe (ohne Jagdschutzberechtigung!) bei der Hütte ❷ in Schußposition. ❸ Standort von Pius Walder zum Zeitpunkt, als die ersten Schüsse fallen. Er versteckt sich hinter einem Gebüsch, während ihm der Jäger von oben nachfolgt und ihn aus einer Entfernung von etwa 6 m (!) anbrüllt: „Halt, Jagdwache, das Gewehr weg!" – dann dem maskierten Wilderer (dieser trägt sein Gewehr umgehängt mit verstopftem Lauf) 2mal vor die Füße schießt und ihn somit zur weiteren Flucht zwingt (Pfeilrichtung). Wieder

Jägers an seinen Gehilfen, eine eventuelle Flucht Walders zu verhindern, war unmißverständlich. Es folgte eine weitere Aufforderung des Jägers, im Falle einer Schießerei zu helfen und einzugreifen. Der Aufsichtsjäger schlich sich nach oben, um Walder den Fluchtweg dorthin abzuschneiden.

Soviel die Rekonstruktion des Tatherganges ergeben hat, kam der Aufsichtsjäger über einen Graben zu einem über einen Steig leicht zu erreichenden Buckel, von dem aus er besten Einblick auf die unter ihm liegenden Stauden hatte, in denen Pius Walder kauerte. Von seinem Standort aus hatte der Aufsichtsjäger freien Blick über das gesamte Gelände, ohne selbst aus der Deckung gehen zu müssen. Beweis dafür ist die Aussage des Hilfsjägers vor Gericht, daß der Aufsichtsjäger von oben nach unten gegangen ist, also auch „oben" gewesen sein muß, worüber man sich in Widersprüche verwickelte.

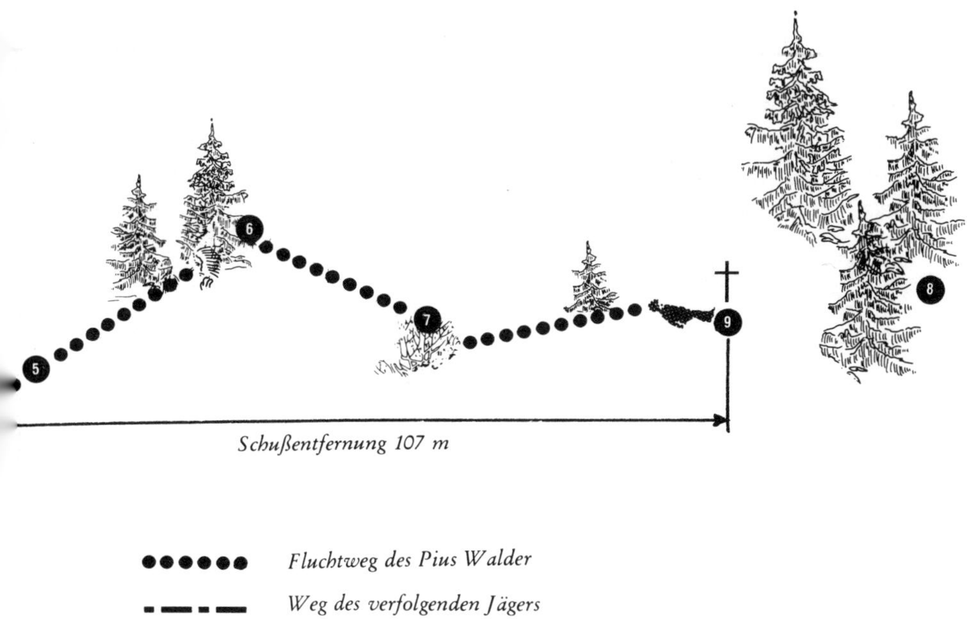

ruft der Jäger und feuert erneut 2mal in das Strauchwerk ❹, in dem Walder Deckung sucht. Die Flucht geht weiter über eine freie Lichtung ❺, und jetzt beginnt von der Hütte aus ❷ der Hilfsjäger dem Flüchtenden nachzuschießen.

Weitere gezielte Schüsse folgen bei Position ❻ und ❼. Fast schon hätte der um sein Leben laufende Wilderer den rettenden Hochwald ❽ erreicht, als ihn der Hilfsjäger mit einem letzten gezielten Schuß in den Hinterkopf „niederstreckt" ❾.

Der Aufsichtsjäger gab nun von oben einen Schuß ab und schnitt damit Walder den Fluchtweg nach oben ab. Durch dieses unbegründete Schießen wurde Walder in die Schußrichtung des Gehilfen getrieben, der zu dieser Zeit in Deckung bei der Hütte war.

In der Folge stieg der Jäger ungesehen talwärts. Walder flüchtete in nahegelegenes Gebüsch, kroch hindurch auf die andere Seite, um vor dem schießenden Aufsichtsjäger in Deckung zu gelangen. Mit entsichertem Gewehr im Anschlag drang dieser schnell vor und schrie dem Walder zu: „Halt, Jagdwache, das Gewehr weg!"

Durch das vorherige Täuschungsmanöver des Aufsichtsjägers, mußte Walder annehmen, daß noch ein Jäger ober ihm sei. Dadurch konnte er weder zurück, noch nach oben flüchten. Unter ihm stand der Aufsichtsjäger mit dem Gewehr im Anschlag. Walder mußte also sein Versteck verlassen, und zwar in Richtung einer nahen Waldlichtung. Er sprang auf, wobei er seine Waffe, deren Lauf durch einen Propfen verstopft war, umgehängt hatte.

Obwohl er nicht die geringsten Anstalten eines Angriffes oder einer Abwehr machte, schoß ihm der Aufsichtsjäger unbegründet vor die Beine in den Boden. Der Angegriffene mußte nun damit rechnen, entweder direkt oder von einem Querschläger getroffen zu werden. Er war damit eindeutig zur Flucht gezwungen und wurde in die Schußrichtung des Hilfsjägers gedrängt, hinaus in das freie Gelände.

Der Aufsichtsjäger begann laut zu schreien und zu schießen, um den Hilfsjäger aufmerksam zu machen. Dieser konnte annehmen, die Schreie seien ein Signal dafür, daß sich sein Vorgesetzter in Gefahr befinde. Nun war also die Reihe an ihm, seinem Auftrag nachzukommen und den vermeintlichen Wilderer nicht davonkommen zu lassen.

In der Folge gelang es dem Pius Walder wieder in Deckung zu gehen.

Zunächst rief der Aufsichtsjäger noch einmal: „Halt! Jagdschutz! Die Waffe weg!", dann schoß er wieder in das Gebüsch, in dem der Flüchtende verschwunden war. Da der Jäger den Walder nicht sah, konnte er auch nicht erkennen, ob er der Aufforderung, sich der Waffe zu entledigen, nachgekommen war oder nicht. Trotzdem schoß er weiter, obwohl er damit rechnen mußte, den Mann zu treffen.

Pius Walder flüchtete erneut aus dem Gebüsch und rannte über eine kleine Lichtung dem nahen Waldrand zu. Kalter Schweiß stand auf seiner Stirn.

„Die werden mich noch umbringen", mag er gedacht haben, denn daß dies das erklärte Ziel seiner Widersacher war, mußte ihm spätestens nach den ersten Schüssen klargeworden sein. Der mit einer grünen Kappe bedeckte Kopf war ein ideales Ziel für einen guten Schützen.

Der Hilfsjäger schoß dann auch. Ein Streifschuß traf den Flüchtenden; er blieb für Sekundenbruchteile stehen, und dieser Moment genügte dem Todesschützen, der nun das Ziel unbewegt in einer Entfernung von einhundertundsieben Metern vor sich hatte. Ein weiterer Schuß folgte, dann rief der Hilfsjäger triumphierend: „Jetzt hat's ihn erwischt!"

Das Opfer bäumte sich auf, fiel zu Boden und kollerte ein Stück den steilen Hang hinunter. Die beiden Jäger eilten zu den kleinen Fichten, unter denen der Getroffene auf dem Bauch lag und sahen, daß dickes Blut aus einer Kopfwunde quoll. Das Projektil war oberhalb des Genicks eingedrungen und in der Scheitelgegend ausgetreten. Sie drehten den noch Lebenden um, versorgten ihn notdürftig und verließen ihn dann, um ins Tal abzusteigen.

Der Vorfall trug sich gegen 20 Uhr zu, die Gendarmerie aber wurde erst eineinhalb Stunden später benachrichtigt. Rechneten die beiden Jäger damit, daß Pius Walder seiner schweren Verletzung inzwischen erlegen sein mußte, und, wie sie später aussagten, „nicht mehr reden konnte"?

Der Lokalaugenschein am Tatort ergab, daß zumindest zehn Schüsse auf den Flüchtenden abgegeben wurden, von denen der letzte tödlich war.

Wie auch immer: die Zusammenarbeit der beiden Jäger hat einwandfrei funktioniert. Das Opfer aber hatte, das Gewehr stets am Rücken, den Gewehrlauf verstopft, keinerlei Anstalten gemacht, sich zur Wehr zu setzen und gleichfalls zu schießen. Für das Gericht war damit klar, daß es sich um einen Mord gehandelt hat. Nach dem Jagdaufsichtsgesetz hat sich ein Jäger, der einen Wilderer stellt, nur auf Warnschüsse zu beschränken. Das Waffengebrauchsgesetz, das für Exekutivbeamte gilt, fand hier keine Anwendung. Gezielt hätte der Jäger nur feuern dürfen, wenn er selbst bedroht gewesen wäre, also zum Beispiel um sein Leben hätte fürchten müssen. Dieser Fall der Notwehr war jedoch in der Höll-Leiten nicht gegeben. In der Ausdrucksweise des Gerichtes klingt das so: „Bei dem Hilfsjäger handelt es sich nicht um einen ordnungsgemäß bestellten und bestätigten Jagdberechtigten im Sinne des § 34 des Tiroler Jagdgesetzes. Selbst ein solcher Jagdschutzberechtigter wäre zum Waffengebrauch nur berechtigt, wenn ein rechtswidriger Angriff auf sein Leben oder das Leben anderer Personen unternommen wird oder unmittelbar droht, indem eine mit einer Schußwaffe ausgerüstete, beim unberechtigten Durchstreifen des Jagdgebietes betroffene Person die Waffe nach Aufforderung nicht ablegt oder die abgelegte Waffe ohne Erlaubnis des Jagdschutzberechtigten wieder nimmt. Auch in diesen Fällen ist der Gebrauch der Waffe nur soweit zulässig, als er zur Abwehr des unternommenen oder drohenden Angriffs notwendig ist."

Das Opfer, Pius Walder, wurde abtransportiert und verstarb am nächsten Tag im Lienzer Krankenhaus.

Mit dieser Tragödie kam ein Mechanismus in Gang, an dem auch die Brüder des Ermordeten beteiligt sind. Beim Seelengottesdienst für den Erschossenen — zur Beerdigung waren rund tausend Leute, darunter sehr viele aus dem nahen Südtirol gekommen — kam es zu einer Religionsstörung.

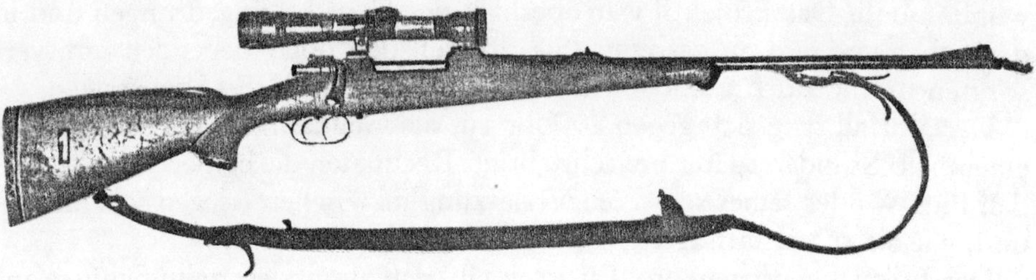

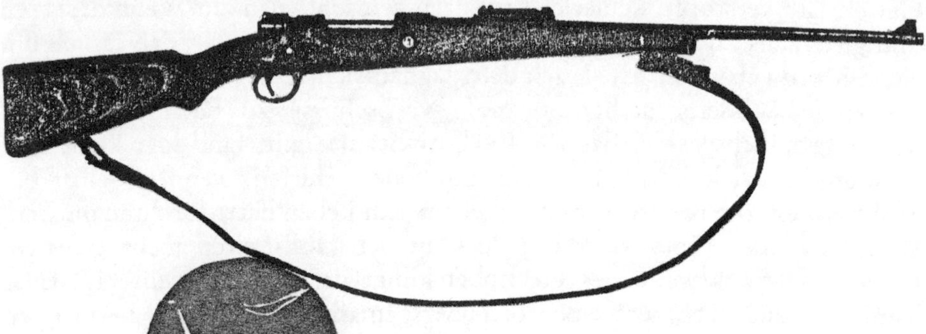

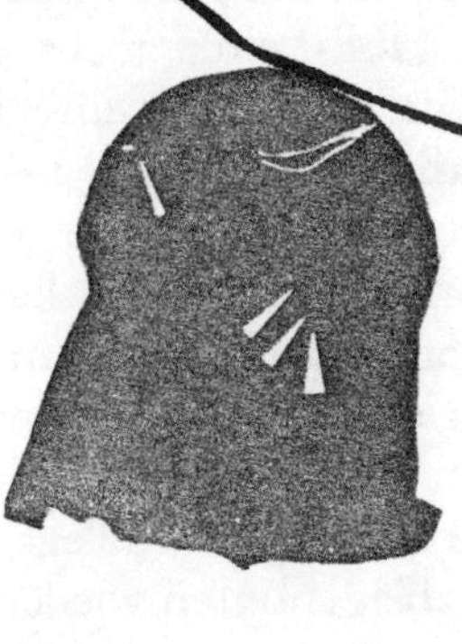

Oben: Das Jagdgewehr von Pius Walder mit aufgesetztem Zielfernrohr. Der Lauf war allerdings verstopft.

Mitte: Der für Jagdzwecke unübliche Militärkarabiner 98 K des Todesschützen.

Links: Die grüne Tarnkape des Opfers mit den markierten Löchern, die vom Einschuß am Hinterkopf und dem Ausschuß in der Scheitelgegend herrühren.

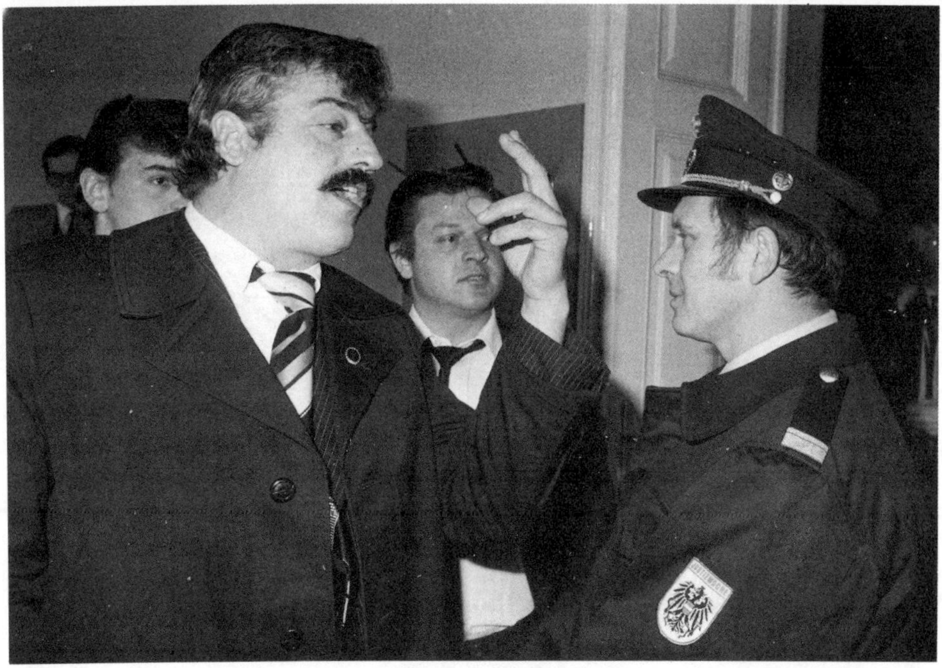

Die Brüder des toten Wildschützen Pius Walder: „Wenn man uns das beste Stück aus der Familie herausschießt, dann müssen wir uns wehren!"

Der Partezettel an der Kirche wurde mehrmals heruntergerissen und das Bild vom Grabkreuz entfernt. „Pius, das wird gerächt werden!" riefen beim Begräbnis die beiden Brüder und hoben die Hand zum Schwur. Auch einen Fußtritt gegen den Ortspfarrer von Innervillgraten, Alban Ortner, nahm das Berufungsgericht als erwiesen an.

Die Anklage gegen den Hilfsjäger, der durch die bereits abgesessene Untersuchungshaft bleich und nervös geworden war, lautete: „J. Sch. hat am 8. September 1982 in Kalkstein den Pius Walder durch einen gezielten Schuß aus einem Militärkarabiner vorsätzlich getötet. Er hat hierdurch das Verbrechen des Mordes nach § 75 St.G.B. begangen und ist hierfür nach diesem Gesetz zu bestrafen."

Bei der Gerichtsverhandlung vor dem Landesgericht Innsbruck wurden des großen Publikumsandranges wegen Platzkarten ausgegeben, die, laut Pressebericht, bis zu ö. S 1.000.— schwarzgehandelt wurden. Zunächst hatte der Mordvorwurf vor den Geschworenen nicht standgehalten. Man konnte sich (mit 7:1 Stimmen) nur zur Straftat der vorsätzlichen Körperverletzung mit tödlichem Ausgang durchringen und verhängte eine unbedingte Haftstrafe von drei Jahren. Der Verteidiger des Angeklagten bekämpfte dieses Urteil, denn er war überzeugt, daß sein Mandant nur fahrlässig gehandelt habe. Der Hilfsjäger wäre bei seinen „Warnschüssen" nicht sorgfältig genug vorgegangen und nur dies könne ihm vorgeworfen werden.

Am 26. August 1983 kam es zum Antrag zur Wiederaufnahme des Verfahrens gegen den Hauptangeklagten wegen vorsätzlichem Mord an Pius Walder, sowie zum Strafantrag gegen den Aufsichtsjäger wegen Beihilfe zum vorsätzlichen Mord. Gleichzeitig wurden Anträge auf Ablehnung des Landesgerichtes Innsbruck wegen Befangenheit und Delegierung des Falles nach Kärnten gestellt.

„Pius, ich schwör, das werden sie büßen!" – verkündet einer der Hinterbliebenen am offenen Grab von Pius Walder, die rechte Hand zum Schwur erhoben, die linke zur Faust geballt – und Tränen in den Augen.

Familientragödie mit Wildererhintergrund

Den Jägern rund um Brixlegg war der vierundvierzigjährige Konrad Mallaun längst kein Unbekannter. Daß er wilderte, war klar, nur hatte man es ihm noch nicht beweisen können. Besonders schlimm wurde es, nachdem Mallaun, ein gelernter Installateur, arbeitslos geworden war. Seine achtundzwanzigjährige Lebensgefährtin versuchte immer wieder, ihn zum Aufgeben seiner unseligen Leidenschaft zu bewegen, aber alles war vergebens. In dem von ihm gemieteten Haus Zimmermoos Nr. 30, genannt „Wieselhof", hatte er sich ein regelrechtes Waffenarsenal zugelegt, in dem es zahlreiche Jagdwaffen, Pistolen, aber auch 8 cm Flakgranaten aus dem Zweiten Weltkrieg gab. Dieser Wieselhof war eine äußerst triste Behausung, ein altes Bergknappenhaus ohne elektrischen Strom und Telefon, ja nicht einmal mit einer eigenen Hofzufahrt. Hier lebte Mallaun mit seiner Lebensgefährtin und den beiden gemeinsamen Söhnen Markus, zwei Jahre alt und Alexander, vierzehn Monate alt. Die Nachbarn der Leute vom Wieselhof wußten, daß Mallaun in seine Kinder vernarrt war, wohingegen er mit deren Mutter oft Streit hatte. An sich war Mallaun als netter, ruhiger Mensch bekannt, der allerdings dann total den Kopf verlor, wenn er ein Glas über den Durst getrunken hatte, und nicht selten arteten die Streitereien in Tätlichkeiten aus.

So muß es auch am Abend des 3. Oktober 1983 gewesen sein, als die Frau ihm wieder einmal angedroht hatte, ihn wegen seiner Wildererleidenschaft bei der Gendarmerie anzuzeigen. Der Streit wurde so heftig geführt, daß Mallaun unter anderem auch einen Skistock nach der Frau warf. Diesem konnte sie noch ausweichen, nicht aber der Hacke, mit der Mallaun sie am Kopf verletzte. Nun aber verständigte sie den Gendarmerieposten aus Angst vor weiteren Tätlichkeiten. Als die Gendarmen den Einödhof erreichten, bot sich ihnen ein merkwürdiges Bild: Mallaun lag mit seinen beiden Kindern in deren Gitterbett und schien ganz friedlich zu sein. Für alle Fälle, um die Frau wenigstens für eine Nacht in Sicherheit zu bringen und um ihre Kopfverletzungen behandeln zu lassen, nahmen die Beamten sie mit und brachten sie ins Krankenhaus Wörgl.

Noch während der Fahrt wurde den Gendarmen per Funk durchgegeben, daß ein Objekt in Brixlegg in Flammen stehe. Zunächst nahm man keinen Zusammenhang der beiden Vorfälle an, wurde aber eines Besseren — oder vielmehr Schlechteren — belehrt, als man die Anschrift des Brandplatzes erfuhr: Zimmermoos Nr. 30.

Als die Beamten den Wieselhof erreichten, sahen sie schon, daß hier nichts mehr zu machen sein würde. Zum einen schlugen die Flammen aus mehreren Stellen des baufälligen Hauses, zum anderen zeigte sich nach dem Anrücken der Feuerwehr, daß das Beschaffen des Löschwassers auf große Schwierigkeiten stieß. Trotzdem drangen mutige Männer in das Hausinnere vor, in dem sie Mallaun und die beiden Kleinkinder vermuteten. Ein grausiger Anblick bot sich ihnen, als sie auf die drei verkohlten Leichen stießen: Mallaun lag im Schlafzimmer in unmittelbarer Nähe des kleinen Markus und hielt die leblose, stark verstümmelte Gestalt seines jüngeren Sohnes Alexander im Arm. Eine Obduktion ergab, daß Mallaun seine beiden Söhne mit einer Jagdflinte erschossen hatte. Sodann mußte er an mehreren Stellen des Hauses Feuer gelegt haben, ehe er sich selbst mit der Waffe richtete.

Ob die Tat von langer Hand vorbereitet oder ob es eine Kurzschlußhandlung war, wird nie geklärt werden. Möglicherweise waren die tristen Verhältnisse, in denen die Familie lebte, ein auslösender Faktor. Es kann aber auch sein, daß die Drohung der Lebensgefährtin, Konrad Mallaun wegen seiner Wilddiebstähle zur Anzeige zu bringen, einen gewissen Schock-Charakter gehabt hat. Wie sehr er als Wilderer zu fürchten war, wurde den Beamten klar, als eine große Anzahl von Fuchsfallen vom Balkon des brennenden Hauses fiel und sie an mehreren Stellen Jagdwaffen fanden. Die letzten Zweifel beseitigten dann einige Explosionen seines umfangreichen Munitionsdepots.

„Wo isses neue Poppele?“

Die Dreißigerjahre waren hart in Südtirol, die Arbeitslosigkeit groß, und mancher Handwerker, der sich vorher auch nur so recht und schlecht mit seiner Familie durchgeschlagen hatte, verlor Arbeitsplatz und Einkommen. Die Aussichten, eine neue Stelle zu bekommen, waren besonders in den abgelegenen Tälern gleich null. In vielen Fällen wurde die Not noch vergrößert durch den Umstand, daß die Bäuerin ein Kind nach dem anderen bekam.

So war's auch am Haiderhof. Sieben Kinder trippelten schon durch die armselige Stube, und wieder war die Bäuerin guter Hoffnung. Der Haider Andrä, der viele Jahre als Zimmerer gearbeitet hatte, verlor seine Stelle. Alles, was man verkaufen konnte, war bereits verkauft oder verpfändet; lediglich den kleinen Kartoffelacker hinter'm Haus hatte sich der Andrä behalten. Aber er konnte seine Familie nicht ausschließlich mit Erdäpfeln ernähren, das sah selbst der Andrä ein, der sonst nicht gerade einer der Klügsten war.

Klug war er nicht, aber ein anständiger Kerl, der Andrä. Tapfer hatte er allen Vorschlägen seiner Freunde widerstanden, die ihn dazu verführen wollten, mit „auf'd Jagd“ zu gehen. „Auf'd Jagd gehen“, das hieß, nachdem keiner von ihnen einen Jagdschein besaß, nichts anderes als wildern gehen. Die Anderen machten sich nicht viel daraus, daß es streng verboten war und daß arge Strafen drohten, wenn man erwischt wurde. „Einmal ist keinmal“, sagten sie; aber aus dem „Einmal“ wurden viele Male, und schließlich sahen die Männer es als ihr gutes Recht an, immer dann auf verbotene Pirsch zu gehen, wenn daheim der Hunger drohte.

Es gab kaum ein Haus, in dem nicht ein Wilderer wohnte. Ja, oft war es nicht nur einer, sondern häufig unterwies der Vater die Söhne und weihte sie ein in die Finten und Kniffe, die zur erfolgreichen Jagd nötig waren.

Der Haider Andrä aber hatte allen Versuchungen widerstanden, mit Ausnahme von einem bestimmten Tag im Jahr. Es war dies nicht etwa der Heilige Abend oder der Geburtstag seiner Frau, sondern es war der Tag, an dem seine Lina ihm, wie fast in jedem Jahr, ein weiteres Kind gebar. Die Nachbarn hatten ihm gesagt, eine richtige kräftige Gamssupp'n sei das Beste — nicht nur für die abgeschlaffte Wöchnerin und ihre rasche Wiederherstellung, sondern auch für den leidgeprüften Vater, der sich mit dem Eintreffen des Kindes neuen Verpflichtungen, neuer Arbeit gegenübersah.

So zog der Andrä aus, um eine Gams zu erlegen, ehe sein Weib niederkommen sollte. Noch in jedem Jahr war's so gewesen. Und in jedem Jahr war das Glück ihm hold gewesen und hatte ihm ein Gemslein vor die Flinte geführt. Im Rupfensack hatte er die Beute des Nachts nach Hause gebracht, und hatte sie in der Tenne ganz hinten, wo's dunkel und verschwiegen war, am Balken aufgehängt. Tapfer hatte er, wenn in der Regel bald darauf die Wehen seiner Frau begannen, bei ihr Hebamme gespielt und ein neues Lebewesen an's Licht befördert. Sodann war er in die Küche geeilt und hatte unter reger Mithilfe der älteren Kinder die Gamssuppe gekocht, in die er allerlei Kräuter und Gewürze mischte, von deren stärkender Wirkung er gehört hatte. Und richtig — noch jedesmal war sein Weib nach ein, zwei Tagen wieder auf den Beinen und fähig, den großen Haushalt zu bewältigen.

„Es is lei die Gamssupp'n, die die Kraft gibt", hatte der Andrä gesagt und statt sich in seiner Zeugungskraft Einschränkungen aufzuerlegen, hatte er beschlossen, „beim nächsten Mal" eben wieder die Wunderwaffe „Gams-supp'n" einzusetzen.

So wuchs seine Familie beinah mit jedem Jahr. Auch heuer war's, wie schon erwähnt, wieder so weit. Der Bauch der Bäuerin hatte schon beträchtliche Ausmaße angenommen. Aber größer noch als der Bauch waren Hunger und Not, die im Haiderhof herrschten.

„Andrä", sagte eines Tages die Lina zu ihrem Mann, „Andrä, so geht's nimmer weiter! Die Kinder ham einfach z'wenig zum essen. Oft hear i sie greinen in der Nacht, wenn der Hunger sie plagt. Der Peter is mir hoamli über die Eier 'gangen, und der Kathi fall'n die Haar' aus. Des alles lei z'weng dem Hunger. Mann, i sag' dir, a Essen muaß her, und wann i selber in die Schrofen steigen miaßt, um a Wild zu derjagen."

„Naa, naa, Lina, da geah scho liaber i!"

„Ja, Vatter, aber nimm di fei in acht, daß ja koa Carabinieri dir über'n Weg lafft, wann'd mit der Gams oder'm Reach unterwegs bisch. Wenn sie die schnappen taten — i derf gar nit dran denken!"

„Koa Angscht, Weib, mi schnappt scho koaner! I versprich dir, daß i saggrisch aupass'n tua. Und am besten geh i glei morgen in aller Fruah."

Der Morgen graute, und der Haider Andrä zog sich die Larve vor's Gesicht, die noch seit der letzten Entbindung in der Nachtkastlschublade lag, und marschierte los.

Der Andrä hätte nicht müssen ein echtes Kind der Tiroler Berge sein, wenn er nicht jeden Steig gekannt hätte, der in ihre Regionen führte. Ein steiles Kar war es, von dem er wußte, daß dort regelmäßig ein Rudel Gemsen stand. Vorsichtig auf den Wind achtend, stieg er höher und höher. Hinter einer Felsnase verborgen, lugte er schließlich auf die andere Hangseite, und tatsächlich standen dort gut und gerne acht oder sogar zehn Gemsen. Ein Fernglas besaß er nicht, aber seine Augen waren so gut, daß er selbst auf diese Entfernung die Böcke von den Geißen unterscheiden konnte. Der gewisse „Schwung" in ihren Krickeln war es, der ihm die Unterscheidung möglich machte. In Blitzesschnelle überlegte er: sollte er einen Bock schießen oder ein weibliches Tier? Im Geiste sah er die Lina vor sich, umgeben von der Schar der Kinder — nein, niemals könnte er ein Muttertier von ihren Jungen wegschießen! Lieber sollte ein Bock sein Leben lassen. Er legte an und schoß, und da er nicht nur gute Augen, sondern auch eine ruhige Hand besaß, fiel drüben ein junger Bock zu Boden und kollerte noch ein Stück den Hang hinab.

Hastig kletterte der Andrä die Schrofen hinunter, erreichte das Beutestück, zupfte ihm gleich die Barthaare aus, die, nach Bayern gebracht, dort einen schönen Batzen Geld abgeben würden; rasch waidete er den Bock aus, verstaute ihn in seinem Rucksack und machte sich auf den Heimweg.

In dem kleinen Hof angekommen, schlich er sich, ohne daß eines der Kinder, die schon aufgestanden waren, seiner ansichtig geworden wäre, in die Tenne und hängte den Gamsbock an den hintersten Balken. Dann begab er sich in die Küche, um der Lina seinen waidmännischen Erfolg zu verkünden.

Inzwischen hatte sich der siebenjährige Naz, ein aufgewecktes Kind, auf den Tennenboden geschlichen. Ohne daß es der Vater bemerken konnte, hatte er ihn beobachtet, wie er mit einem Sack hinein- und ohne Sack herausgegangen war. Neugierig legte sich Naz auf den Tennenboden und lugte durch die Ritzen nach unten. Direkt unter ihm hing, vom Balken baumelnd, der prächtige Gemsbock. Das konnte doch nur eines bedeuten: ein neues Geschwisterle war angekommen. Genau konnte sich der Naz an voriges Jahr erinnern, und an das Jahr davor, als auch eine Gams in der Tenne gehangen hatte. Der Vater hatte daraus die Suppe gekocht, wovon er und seine Geschwister noch wochenlang mit verklärten Augen sprachen. Damals hatte der Vater ihnen erklärt, die Mutter brauche diese Suppe, um bald wieder gesund zu werden, und er hatte ihnen das neue Poppele gezeigt. Schnell beutelte der Naz nun seine Kleider aus und sauste ums Haus. Aufgeregt kam er in die Küche, wo die Mutter mit dickem Bauch am Herd stand und das Morgenmus kochte.

„Mama, Mama", schrie er, „in der Tenne hängt a Gams — und wo isses neue Poppele?"

Mufflonjagd auf Tirolerisch

Die Begebenheit, über die wir in diesem Kapitel erzählen, hat zwar nicht unmittelbar mit dem Wildern zu tun, aber doch mit einem seiner Grenzbereiche. Auf jeden Fall ist sie so berichtenswert und so „echt Tirolerisch", daß wir sie unter keinen Umständen unseren Lesern vorenthalten wollen.

Die ganze Sache begann an einem strahlenden Oktobertag des Jahres 1971. Frohgemut marschierte der Höllriegl Sepp von daheim los, um zu sehen, was sich Neues im Revier begebe. Er hatte den Pacht noch nicht sehr lange und teilte sich die Kosten mit dem Schratter Alois und dem Krismer Johann. Die drei waren Freunde und verstanden sich auch abgesehen von jagdlichen Dingen ausgezeichnet. Ab und zu gab es ein böses Wort, aber wo gibt's das nicht? Munter pfiff der Höllriegl vor sich hin, war er doch sicher, hier am Weg im freien Gelände auf keinerlei Wild zu stoßen. Plötzlich stutzte er: was war das dort drüben neben den Büschen? Ein schmutziggraubraunes, wuscheliges Fell, zwei Hörner — das mußte ein Mufflon sein. Zwar hatte der Vorpächter der Jagd nie davon berichtet, daß es hier diese seltenen Tiere gäbe, aber wer weiß, vielleicht war es von einer Nachbarjagd herübergewechselt. Wenn er ehrlich war, der Höllriegl, so mußte er sich selbst eingestehen, daß er noch nie im Leben ein lebendes Mufflon gesehen hatte. Er beschränkte seine Kenntnisse auf Naturfilme im Fernsehen. Aber so viel wußte er genau: dies hier war ein Mufflon, sonst sollte er Naz heißen. Vorsichtig pirschte er sich an die Beute heran, die keinerlei Anstalten machte, sich beim Äsen stören zu lassen. Der Höllriegl legte an, der Schuß krachte, und das Mufflon brach getroffen zusammen. Stolzgeschwellt eilte der Jäger zu den niederen Büschen, um die Strecke in Augenschein zu nehmen. Aber wer beschreibt sein Entsetzen, als er feststellen mußte, daß es kein Mufflon war, sondern ein gewöhnlicher brauner Schafbock, ein kastrierter noch dazu, den sie im Volksmund „Gstraun" nennen. Schnell bückte sich Höllriegl, um die im Ohr befindliche Marke zu untersuchen — aber die kam ihm gänzlich unbekannt vor. Es konnte also kein Widder aus den Beständen seiner Heimatgemeinde sein, sondern er mußte von „auswärts" stammen. Ha, dachte sich der Höllriegl, jetzt, wo der Gstraun eh schon tot ist, kann man nichts mehr machen. Lieber wär ihm schon ein echtes, rechtes Mufflon gewesen, aber als Bratl in die Pfanne tut's auch ein Gstraun. Schöpsernes war seiner Liesl immer willkommen. Außerdem hatte er, der Neuling, eine Mordsangst davor, statt als Scharfschütze als Schafschütze dastehen zu müssen. So beschloß er, die Beute vorläufig in einem nahen Heuschober zu verstecken und sie bei Dunkelheit dort abzuholen. Er schleppte und keuchte mächtig, bis er das Stück, das gut und gerne seine achtzig Kilo wiegen mußte, in Sicherheit gebracht hatte.

Als es dämmrig geworden war, schnappte der Jäger sich seinen Schwiegersohn, und gemeinsam brachten sie den Gstraun nach Hause. Die Liesl, seine Frau, schlug vor Vorfreude auf das gute Bratl die Hände über dem Kopf zusammen, aber Höllriegl sagte: „Nix da, Liesl, wir miaß'n den Gstraun teilen; schließlich sind der Schratter und der Krismer genau so an der Jagd beteiligt wia i. Jetzt renn i glei, und hol sie her."

Gesagt, getan. Eine halbe Stunde später stand das Jägertrio vor dem Gstraun. Zunächst wurde der Höllriegl natürlich aufgezogen dafür, daß er das Tier nicht von einem Muffelwild unterscheiden konnte, dann betrachteten auch die Mitpächter die Ohrmarkierungen aufmerksam. Keiner kannte das Zeichen.

„Ja mei", sagte schließlich der Krismer, „a grad a b'sonder's Stuck is er ja nit, der Gstraun, total verwildert und räudig. Der muaß sich schon a Weil umeinander trieben ham. I waar dafür, daß mir drauf verzichten, den Vorfall bei die Schandi anzuzeigen. Mir macheten uns lei lächerlich damit."

„Was soll'n mer tuan?" fragte der Schratter.

„Da gibt's lei oans: mir teilen die Beute und guat gangen", sagte der Höllriegl gönnerhaft. „Der Liesl lauft scho's Wasser im Mund zammen auf des Bratl."

Gemeinsam waideten sie das schwere Tier aus und jeder schnitt sich seinen Anteil heraus. Das Fell verbrannten sie und das Gehörn schenkte der Höllriegl einem deutschen Urlaubsgast, der seinen Ferienbungalow damit dekorierte.

Die Monate verstrichen. Aber wie's halt so geht, schlichen sich nach und nach Streitereien zwischen den drei Jagdpächtern ein. Nach zwei Jahren waren aus Freunden Feinde geworden, die jeder darauf sannen, dem anderen „einen Duck anzutun". So äußerte sich zum Beispiel der Höllriegl einmal gegenüber dem Jagdreferenten der Bezirkshauptmannschaft, daß es dem Schratter wie dem Krismer an grundlegendem waidmännischen Verstand fehle und es angebracht wäre, diesen beiden die Jagdkarte zu entziehen.

Es war ihm völlig „wurscht", wenn er deshalb auch seine Karte verlieren würde, wenn sie nur dem Schratter und dem Krismer abgenommen werde. Durch eine Indiskretion jedoch erfuhr der Krismer von dieser Diffamierung, und Wut kochte in seiner Seele.

„Na wart, du Haderlump", sagte er zu sich selber, „dir werd' i's zoagen. 's isch zwar scho fast zwoa Jahr' her seit der G'schicht mit dem Gstraun, aber nach dera Zeit is no nix verjährt." Sprach's und eilte zum nächsten Gendarmerieposten, wo er eine „vertrauliche" Mitteilung deponierte.

Seine Mitpächter hatten keine Ahnung von der Sache, und so fiel denn der Höllriegl aus allen Wolken, als ihm eine Anzeige ins Haus flatterte. „Du Hundsfotz, du elendigliche!" schrie er erbost.

Doch die Räder des Gesetzes kamen zuerst zögernd, dann immer mehr in Gang. Und eines Tages stand das Jägertrio wegen des Verbrechens des Diebstahls und der Diebstahlsteilnahme vor dem Kadi. Der nächste Schritt für diesen war, den Inhaber des Gstraun ausfindig zu machen und vor Gericht zu laden.

„Herr Pichler, sind Sie sicher, daß es sich tatsächlich um Ihren Widder gehandelt hat?" fragte der Richter. Der Gstraunbesitzer bejahte. „Welchen Wert dürfte Ihrer Meinung nach das Tier gehabt haben?"

„Ja mei, Herr Richter, wia i den Widder gekauft hab', hat er halt 1800 Schilling gekostet. Er war a prachtvoll's Stuck, der beste vo alle meine Böck'."

„Ja, ja", schmunzelte der Richter, „es sind immer die besten Hendln, die überfahren werden! Aber wieso konnte es denn kommen, daß Sie ein so gutes Stück verlieren konnten?"

„Ja, des war aso: er isch mir einfach entlaufen. Mitten im Sommer war er auf oamal nimmer da. Überall han i g'suacht, wochenlang. Dann hab i's in die umliegenden Gemeinden am schwarzen Brett ang'schlagen, aber nix is passiert. Ja mei, euer Gnaden, der Schaden, den i g'habt hab'..."

„1800 Schilling war der Widder wert, habe ich Sie recht verstanden?"

„Naa, Herr Richter, eigentlich san's runde 3000 g'wen."

„Wieso denn das auf einmal?"

„Euer Gnaden, weil bevor der Gstraun — halt der Widder, moan i — entloffen isch, da han i an Angebot für ihn g'habt auf 3000. A so a schian's Stuck, o mei, o mei!"

Mit dieser vermeintlichen Finte tappte das gute Bäuerlein ins Wasser. Als sich im Laufe des Gespräches dann noch herausstellte, daß die „Täter" ihm zur Beschwichtigung noch vor Beginn der Verhandlung mehr als das Doppelte des erstgenannten Preises für seinen Gstraun bezahlt hätten, war für den Richter die Sache erledigt. Die drei Beklagten und ihre Verteidiger konnten aufatmen: die Tat wurde letzlich als „Fundverheimlichung" qualifiziert und eine Strafe wegen Verjährung nicht gegeben. Viel Lärm um nichts!

Durch die gemeinsam ausgestandene Angst vor den üblen Folgen ihres Tuns ist jedoch die Freundschaft der drei Jagdpächter wieder gekittet worden.

Verbotene Frucht

An Wilderer ham 's zum Jager g'macht,
da hat eahm's Herz vor Freuden g'lacht.
Und wie er selm is Jager worn,
war er auf'd Wilderer voll Zorn.

Sei Spezi is a Fischdiab g'we'n,
der all's hat g'stohl'n in Flüss' und Seen,
den ham's g'macht zu an Fischersknecht,
da is er ehrlich worn und recht.

Der Wilderer stiehlt koa Wildbret mehr,
der Fischdiab laßt koa Fischerl her,
doch weil's iatz is mit'm Fischstehl'n nix,
geht er ins Holz naus mit der Bix.

Den Wilderer neambt mehr hat derwischt
beim Wildern, weil er iatzta fischt:
Epp's miassen's hab'n, sell is g'wiß,
dös hoamli und verboten is.

R. Zeitler

Der Wildschütz

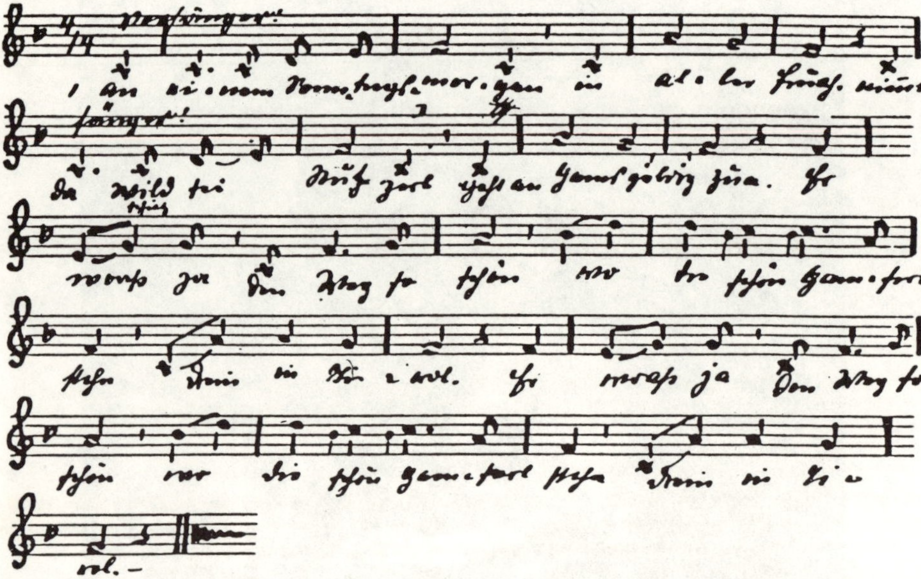

An einem Sonntagmorgen
in aller Fruah,
nimmt da Wildschütz sei' Stutzerl,
geht an Gamsgebirg zua.
Er woaß ja den Weg so schön,
wo die schön Gamserln stehn,
drein in Tirol.

Und a Gams hat er g'schossen,
hoch drob'n auf der Wand.
Iaz will er's auswoadna,
nimmt 's Messer zur Hand.
Da Jaga hat eam lang zuag'schaut,
hat sie nit zuachi traut,
bis daß er schlaft.

Und wia er hat g'schlaf'n,
da hat a eam traut,
hat eam 's Büchserl wegg'numma,
hat saggrisch zuakaut.
Da Wildschütz springt auf vom Schlaf,
stürzt über d' Felsenwand
in ein Gesträuch.

In Jaga laßt's G'wissen
halt ah gar koan Ruah,
er mecht halt gearn wiss'n,
wia's an Wildschützen tuat.
Da Wildschütz sagt: „Jaga mei',
bind mia die Wunden ei'
und still mia's Bluat."

Die Wunden sind bunden,
gestillt is das Bluat.
„Iaz muaßt halt mit mir geh'n,
tuat's weh oder guat."
„Bevor i mit an Jaga geh,
laß i mei Leib und Seel
und mei jungs Bluat."

Abbildungsverzeichnis